Los fundamentos de comprar una propiedad en

Portugal

Los fundamentos de comprar una propiedad en
Portugal

JUNITA MAREE MOLLER-NIELSEN

Ventas de cantidad. Descuentos especiales están disponibles en compras de cantidad por las corporaciones, asociaciones y otros. Para obtener más información, póngase en contacto con el editor/autor en la dirección de correo electrónico indicado arriba.

Impreso en Australia.

ISBN-13: Libro de bolsillo 978-0-9942398-0-8

Libro tapa dura 978-0-9942398-1-5

Fecha de Revisión: 13/05/2015

Sitio web: www.thebasicsofportugal.com
Página de Facebook: https://www.facebook.com/TheBasicsofPortugal

CONTENIDO

Sobre el autor viii

Agradecimientos ix

Introducción x

Portugal 2

Paso 1: Organizar las finanzas para la compra de una propiedad 5

Paso 2: Investigación del paisaje del país 8

Paso 3: Identificar las agencias inmobiliarias 15

Paso 4: Subastas del gobierno 19

Paso 5: Propiedades de banco 27

Paso 6: Contratos 32

Paso 7: Representación legal 119

Paso 8: Número fiscal 122

Paso 9: Poder notarial 132

Paso 10: Notario 135

Paso 11: Gravámenes e hipotecas en la propiedad 138

Paso 12: Cambio de moneda extranjera 140

Paso 13: Lista do de tassa y cargos 159

Listados de tasas 166

Listado del Paso 1- al Paso 13 163–178

Copias de contratos

Portugués: Tablas de IMT 2014 M Imposto Municipal Sobre As Transmissoes Onerosas de Imoveis.................37

Traducción al Español: Tablas de IMT 2014 M Municipal del impuesto sobre la propiedad 41

Portugués: Casa Lease 46

Traducción al Español: Arrendamiento de vivienda.......51

Portugués: Contrato de Arrendamento Urbano para fins Habitacionais e com Opção de Compra...........................56

Traducción al Español: Alquiler urbano de vivienda y contrato con opción de compra..............................59

Portugués: Contrato De Compra E Venda.......................62

Traducción al Español: Contrato de compra y venta 68

Traducción al Español: Contrato de intercambio 74

Portugués: Contrato de Promessa de Compra e Venda ..80

Traducción al Español: Contrato de compra/venta con reserva de posesión de propiedad privada........................86

Portugués: Casa Simples Casa Sergura 89

Traducción al Español: Casa Simple, Casa Segura.........92

Portugués: Numero de Identificacao Fiscal – Pessoa Singular – Ficha de Inscricao..126

Traducción Español: Número de Identificación Fiscal, Persona Individual Formulario de inscripción – traducido en español a los números correspondientes 127

Portugués: Además Para o Preenchimento....................128

Traducción al Español: Instrucciones para cumplimentar una solicitud de Número De Identificación Fiscal 130

Información Complementaria 182

Conclusión..184

SOBRE EL AUTOR

Junita Maree Moller-Nielsen es una australiana que viajó a Portugal por primera vez en 2009. Se enamoró absolutamente de Portugal, tanto que regresó y compró su primera propiedad en Figueira da Foz en 2012. Los fundamentos de comprar una propiedad en Portugal es su primer libro.

AGRADECIMIENTOS

Este libro es el resultado de los trámites, pruebas y adversidades que pasé durante el proceso de compra de mi propiedad portuguesa.

Ojalá que hubiera habido un libro como éste que pudiese haber comprado en ese momento, resumiendo los procesos básicos. Habría hecho las cosas mucho más fáciles y me habría ayudado a evitar las numerosas dificultades y frustraciones que muchos portugueses y extranjeros sufren durante el proceso de la compra de una propiedad en Portugal.

Gracias a mi hijo, Daleth, que experimentó este proceso conmigo, desde el principio cuando hice mi primera oferta al propietario, hasta mi júbilo después de que mi última oferta fuese aceptada.

A todas mis amigas y amigos de todos los ámbitos de la vida, que han estado ahí para mí, desde cuando llegué por primera vez a Portugal de vacaciones hasta ahora; su amistad y hospitalidad han sido maravillosos y nunca serán olvidados.

A todos mis amigos y familia en Australia y todo el mundo, gracias por ser un apoyo en mi viaje hasta ahora.

INTRODUCCIÓN

Llegué a Portugal en 2009 para visitar a mis amigos; en esa primera visita me quedé absolutamente enamorada del paisaje, el estilo de vida, la gente y la cultura de Portugal.

Hay muchos paisajes distintos a lo largo de Portugal, desde valles de flores, olivos, matorrales y tierras de cultivo, a hermosas playas a lo largo de la costa atlántica.

El estilo de la vida portuguesa es muy sencillo y en la mayoría de las áreas es autosuficiente; cultivan sus propias verduras, producen aceite de oliva de sus olivos, hacen vino de cosecha propia y crían su ganado para carne.

Una persona puede llevar un sencillo estilo de vida autosuficiente en Portugal por un coste muy pequeño, comparado con Australia y otros países alrededor del mundo.

He viajado por todo Portugal, desde Mirandela, un hermoso pueblo pintoresco con un río hermoso en el extremo norte (de donde son mis amigos Franklin, Helena y Alexandre), hasta Albufeira en el lejano sur.

Oporto fue donde primero aterricé en Portugal, donde tienen el hermoso río Duero y también de donde son mis buenos amigos (amigas en Portugués) Deolinda y María Juan. También, es donde yo primero probé "Superbok" (una de las cervezas portuguesas, Sagres es otra) y comí "Francescina" (que es como un sándwich de bistec sin tostar, cubierto de una salsa que hace la boca agua, no muy diferente al jugo de carne) y tomé mi primer barco portugués.

Luego viajé a la región de Coimbra, visitando la ciudad de Coimbra, Mealhada (famosa por tener los mejores cerdos pequeños asados en todo el Portugal en el restaurante de Pedro - en cualquier caso esa es mi opinión) y Vacarica.

Siguiendo a Figueira da Foz, donde me enamoré completamente de las amplias playas de arena, majestuosas puestas de sol, su gente y la propia ciudad.

Luego a Lisboa, donde viví en los suburbios, Anjos y Martim Moniz. Viajé por todo Lisboa, explorando todos los rincones y grietas de esta hermosa ciudad, la cultura, la comida y la forma de vida de la capital de Portugal.

En mis últimos viajes a Portugal, me dirigí hacia el sur a la región de Faro en el Algarve, específicamente Albufeira y las áreas circundantes.

En viajar por las vastas áreas de Portugal, a través de pequeñas aldeas, pueblos, ciudades importantes, montañas y pueblos junto con la playa, el único lugar que me recordó a Queensland en Australia fue Figueira da Foz. El estilo de vida aquí es similar al estilo de vida en Queensland, que es por lo que me enamoré de Figueira da Foz.

Es muy limpio, bien mantenido, en paz y muy estimulante para mi, por todas las actividades que uno puede realizar allí. Así que, después de investigar muchas zonas de Portugal, finalmente decidí donde me sentiría más en casa y entonces me lancé a comprar mi primera propiedad. Empecé el proceso de compra en Octubre de 2011 y terminó oficialmente en Enero de 2012, cuando fue transferida a mi nombre; Y finalmente me convertí en propietaria de una propiedad portuguesa.

En Portugal, si usted está interesado en adquirir una vivienda para uso personal, recreativo, alquiler o uso comercial, hay una amplia gama de propiedades en oferta que son bastante asequibles.

Todo depende de tus motivos para comprar una propiedad en Portugal. Para mí, personalmente, la propiedad que he comprado es un edificio de tres plantas que actualmente estoy convirtiendo en una casa de huéspedes/hostal, con un par de tiendas en la planta baja y un bar.

En total he estimado que debería tener un coste de 160.000 € (euros). Después de que todas las restauraciones estén hechas, mi propiedad podría valer por lo menos unos 600.000 €. No está mal para una inversión de 160.000 €.

Hablé con mucha gente, tanto portugueses como extranjeros, respecto a la compra de una propiedad en Portugal antes de comprar mi propiedad. Me encontré con que era un proceso muy complicado para algunos, así que pensé escribir un libro sobre los procedimientos de compra de un inmueble en Portugal, para ayudar a todos, tanto portugueses, como extranjeros.

En este libro intentaré hacerlo muy sencillo y básico, recopilando toda la información que he investigado y reunido, junto con todos los procesos que he seguido en la compra de mi propiedad.

Este libro, espero, sea una guía que le muestre el más básico, sencillo proceso de compra de una propiedad en Portugal y ayude a guiarle a través de un proceso sin dificultades.

La compra de una propiedad es una de las decisiones más importantes que una persona puede hacer en su vida, ya sea su primera, segunda o su décima propiedad.

En la compra de una propiedad portuguesa, es tu elección lo que deseas hacer con ella; conservarla para uso personal, alquilarla, usarla como una casa de vacaciones o, como yo, renovarla y convertirla en una casa de huéspedes o albergue. Sus opciones son ilimitadas.

Espero que este libro haga mucho más fácil para usted comprar una propiedad en Portugal. Recuerde, no está diseñado como consejo de inversión o financiero - es sólo una simple pauta que espero le ayude en su empeño.

PORTUGAL

Portugal es una de las naciones más antiguas de Europa, habiendo establecido su frontera continental, como se encuentra hoy en día, en 1297. Portugal ha sido un reino independiente desde 1143, cuando D. Afonso Henriques se rebeló contra su madre para luchar el Condado Portugalés lejos del Reino de León.

Portugal está situado en el lado oeste de la Península Ibérica, idealmente situado entre España y el océano Atlántico. Su ubicación geográfica a lo largo de la costa atlántica es la razón por qué Portugal se convirtió rápidamente en un país ligado al océano, preparando el escenario para siglos de aventuras en el mar y descubrimientos.

1415 fue el año que marcó el tono en los siglos venideros. Bajo la dirección del Príncipe Enrique "El Navegante", los portugueses fueron en viajes épicos que los harían los primeros en descubrir las rutas de mar a la India, Brasil, China y Japón, mientras que al mismo tiempo fundaron asentamientos en ambas costas africanas.

Rastros de esta presencia histórica se pueden ver en todo el mundo como marcas de la cultura portuguesa. La lengua portuguesa se convirtió en uno de los más hablados en el mundo, y los portugueses tuvieron el privilegio de estar expuestos a muchas civilizaciones diferentes. Los testigos del vasto patrimonio arqueológico, artístico y monumental son no sólo los 850 años de historia de encuentros con culturas distantes, sino también la presencia en el territorio de los pueblos más antiguos (celtas, suevos, visigodos, romanos y árabes).

Las ventajas naturales de Portugal, como un país soleado con diversas características geográficas, han convertido el país en un destino elegido por muchos turistas, un lugar ideal para practicar deportes acuáticos y jugar al golf, ofreciendo instalaciones turísticas de alojamiento modernas, pintorescas y personalizadas, como Solares de Portugal (hogares privados, que van desde casas rurales maravillosas a casas señoriales) y hoteles con encanto y lujo situados en castillos, antiguos monasterios y casas señoriales, conocidos como las Pousadas de Portugal.

Como se indica en la web Living in Portugal:

http://www.livinginportugal.com/en/where-to-buy/#sthash. oHBpEfL3.dpuf

PASO 1

ORGANIZAR LAS FINANZAS PARA LA COMPRA DE UNA PROPIEDAD

Hay varias opciones disponibles para comprar una propiedad

Decidí comprar una propiedad en Portugal, no sólo porque me enamoré del país, sino también porque vi su potencial inexplorado.

Durante los últimos veinte o más años, he leído cientos de libros sobre la creación de riqueza financiera a través de inversiones inmobiliarias. Estoy segura que muchos de vosotros habéis leído libros similares de la talla de Napoleón Hill, Robert T. Kiyosaki, Donald Trump, Zig Ziglar, Warren Buffet, por nombrar sólo unos pocos.

Creo que cualquier persona puede aplicar todo lo que han aprendido, ya sea por investigar o por inversiones anteriores en su propio país u otros países; Estoy segura que estarán de acuerdo de que Portugal es un mercado inexplorado a la espera de inversores extranjeros.

A continuación se listan algunas opciones que podrían estar disponibles para Usted:

Invertir sus propias finanzas personales.

Solicitar una hipoteca con un banco portugués.

Solicitar una hipoteca en su país de residencia.

Hacer un contrato con el vendedor para hacer una cierta cantidad de pagos por un periodo de tiempo establecido.

Cambiar tus propios bienes personal y otra propiedad (por ejemplo: un vehículo, acciones, caravana, barco etc.) para la propiedad en cuestión.

Un contrato de alquiler/compra es donde se puede alquilar la propiedad por una cierta cantidad de dinero durante un determinado período de tiempo y el dinero puede ser utilizado como un pago inicial o depósito hasta que Usted cumpla con los requisitos para un préstamo bancario o sea capaz de reunir el dinero de otra forma para comprar la propiedad.

El propietario del inmueble puede organizar un préstamo para usted, dónde pueda hacer los pagos durante un cierto período de tiempo, pero teniendo en cuenta que si te retrases en tus pagos, la propiedad volverá al propietario original, el cual conservará los pagos que ya hayas hecho.

La tierra más barata, que he encontrado para la venta en Portugal, fue un terreno de 50 m2, lleno de árboles de eucalipto (originario de Australia), listado para su venta por sólo 100 €.

La casa más barata que encontré fue una casa de 25 m2 con una parcela de 1.000 m2 de terreno (justo en el camino de la casa), por 2.000€.

Recientemente perdí una casa de tres plantas y seis dormitorios, anunciada en *www.olx.pt* de 5.000 €. Con propiedades tan baratas, uno siempre será capaz de hacer un retorno de su inversión.

PASO 2

INVESTIGACIÓN DEL PAISAJE DEL PAÍS

Saber lo siguiente;

- *¿Dónde desea vivir?*
- *¿Cuál es el propósito de la propiedad?*
- *Tipo de propiedad*
- *Propiedad en la playa*
- *Tierras de cultivo*
- *Paisaje de montaña*
- *Estilo de vida del campo*
- *Estilo de vida rural*
- *Estilo de vida de ciudad*
- *Ríos, arroyos, océano*
- *Propiedad de vacaciones*

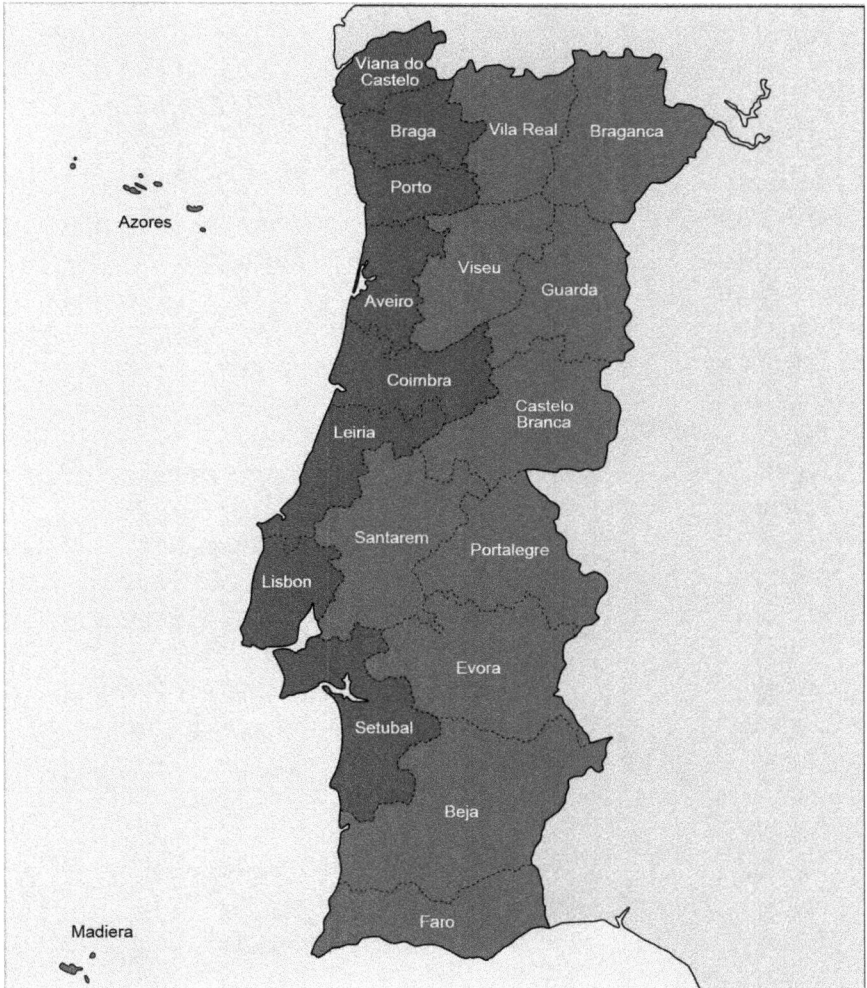

Un mapa de todas las regiones de Portugal

MAIN CITIES, TOWNS, VILLAGES AND ISLANDS OF PORTUGAL

Around Lisbon and Tagus Valley
Alcobaça
Arrábida
Azeitáo
Batalha
Cascais
Ericeira
Estoril
Fatima
Leiria
Mafra
Nazaré
Obidos
Palmela
Peniche
Queluz
Santarém
Sesimbra
Setubal
Sintra
Tomar

Alentejo
Beja
Castelo de Vide
Elvas
Estremoz
Evora

Marvão
Mértola
Monsaraz
Vila Viçosa

Algarve
Albufeira
Faro
Lagos
Sagres
Silves
Tavira
Vila Real de Santo António
Vilamoura

Beiras (Central Portugal)
Aveiro
Belmonte
Buçaco
Coimbra
Conimbriga
Figueira da Foz
Guarda
Monsanto
Piodão
Serra da Estrela
Viseu

Porto and Douro
Amarante
Lamego
Porto

Minho
Barcelos
Braga
Gerês National Park
Guimarães
Ponte de Lima
Ponte de Barca
Viana do Castelo

Tras-os-Montes
Bragança
Chaves
Vila Real

The Islands
Azores
Madeira

**UN DESGLOSE DE LOS 18 DISTRITOS DE PORTUGAL CONTINENTALES
INCLUYENDO EL NÚMERO DE MUNICIPIOS,
LAS PARROQUIAS, LAS PROVINCIAS Y REGIONES**

Distrito	Municipios	Parroquias	Provincia de 1936	Región
Aveiro	19	208	Provincia de Beira Litoral + Douro Litoral provincia	Norte, Centro
Beja	14	100	Baixo Alentejo	Alentejo
Braga	14	515	Miño	Norte
Bragança	12	299	Provincia de Trás-os-Montes e Alto Douro	Norte
Castelo Branco	11	160	Provincia de Beira Baixa	Centro
Coimbra	17	209	Provincia de Beira Baixa, Beira Litoral	Centro
Évora	14	91	Alto Alentejo	Alentejo
Faro	16	84	Provincia de Algarve	Algarve
Guarda	14	336	Provincia de Beira Alta (en parte Trás-os-Montes e Alto Douro)	Centro (parte Norte, sólo Vila Nova de Foz Côa)
Leiria	16	148	Provincia de Beira Litoral, Extremadura	Centro
Lisboa	16	226	Estremadura (en parte Ribatejo)	Lisboa (en parte Alentejo)
Portalegre	15	86	Provincia de Alentejo alto (en parte Ribatejo)	Alentejo
Porto	18	383	Douro Litoral provincia	Norte
Santarém	21	193	Provincia de Ribatejo (en parte Beira Baixa y Beira Litoral)	Centro, Alentejo
Setúbal	13	82	Provincia de Extremadura, provincia de Baixo Alentejo	Lisboa, Alentejo
Viana do Castelo	10	290	Miño	Norte
Vila Real	14	268	Trás-os-Montes e Alto Douro	Norte
Viseu	24	372	Beira Alta, (en parte Douro Litoral)	Centro, Norte

Usted puede investigar con más detalle cada área individualmente, para ver dónde preferiría comprar una propiedad, ya que son todas diferentes y con muchos paisajes diversos.

Consulte la siguiente dirección web:

http://www.livinginportugal.com/en/where-to-buy/#sthash.oHBpEfL3.dpuf,

Aquí se describen cada una de las regiones que figuran a continuación:

Oporto y el norte de Portugal

Oporto y el norte es una región donde la historia, cultura y naturaleza se combinan a la perfección, convirtiéndolo en un destino único. Patrimonio religioso, arquitectura moderna, partes naturales, hospitalidad, gastronomía y el preciado vino de Oporto son todas las grandes atracciones en esta región.

Centro de Portugal

El centro de Portugal es una región de contrastes, donde los visitantes pueden descubrir pintorescos pueblos a lo largo de la costa o hacer un recorrido por pueblos históricos, tales como los pueblos de Xisto, o los castillos de la frontera, donde costumbres portuguesas, tradiciones y buena cocina son conservados.

Región de Lisboa

Lisboa es una ciudad cosmopolita, es una de las capitales europeas más de moda, así como el nombre de una región que tiene mucho de ofrecer: imponentes monumentos, parques naturales y una amplia gama de campos de golf. Está cerca de la costa de Estoril, las ciudades románticas de Sintra, Óbidos y Tomar, sitios de interés turístico y cultural, así como el Santuario de Fátima, uno de los más importantes santuarios a la Virgen María en el mundo.

Alentejo

Llanuras de flores silvestres, lagos tranquilos, pueblos y aldeas acogedores y horizontes hasta donde el ojo puede ver. Aquí los visitantes pueden descubrir un patrimonio ancestral megalítico y vestigios de la cultura romana, árabe y judía, el lago artificial más grande de Europa, el mejor lugar del mundo para ver el cielo (designado por la UNESCO) y uno de los tramos mejores conservados de la costa, con muchos kilómetros de playas de arena blanca.

Algarve

En el Algarve, internacionalmente uno de los destinos portugueses más conocidos, encontrará un montón de sol, una amplia variedad de playas, deportes acuáticos, balnearios y talasoterapia, un montón de entretenimiento y algunos de los mejores campos de golf en el mundo. Reservas naturales, patrimonio cultural ligado a la historia marítima y a los descubrimientos portugueses, y la cocina local fuertemente orientada a pescados y mariscos, son sólo algunos aspectos de la diversidad que esta región tiene para ofrecer.

Madeira

Las islas atlánticas de Madeira y Porto Santo, con su clima subtropical, son bien conocidas por su belleza natural que anima a los visitantes a perseguir las actividades al aire libre y buscar el bienestar. Descubra el patrimonio y la cultura relacionada con los descubrimientos portugueses y el vino de Madeira, así como las festividades que son uno de sus mayores atractivos.

Azores

Las nueve islas de las Azores son un destino ideal para el descanso, relajación y contacto con la naturaleza. Justo en medio del océano Atlántico, las islas son un buen lugar para el buceo, observación fauna en rocas marinas, caminatas y avistar aves, pero también para disfrutar de su extremadamente valioso patrimonio cultural.

PASO 3

IDENTIFICAR LAS AGENCIAS INMOBILIARIAS

Conocer las agencias inmobiliarias locales principals
y sus sitios – esto puede ahorrar miles
de dólares en la compra de su propiedad.

Una vez que se ha familiarizado con el mapa de Portugal, ya sea por viajar allí o a través de internet, puede seguir con la siguiente etapa, investigando los diferentes sitios de agencias inmobiliarias en internet y navegar por la web de propiedades en venta en Portugal.

Las agencias inmobiliarias que personalmente he utilizado son las siguientes:

- *www.era.pt*

- *www.remax.pt*

- *www.imovirtual.pt*

- *www.Casasapo.pt*

- *www.solimobiliaria.pt*

Cuando usas *www.casosapo.pt*, *www.solimobiliaria.pt* y *www.imovirtual.pt*, usted es capaz de visualizar todos los pequeños anuncios de agencias inmobiliarios de todo Portugal.

Las cinco inmobiliarias mencionados anteriormente son las principales en Portugal; Era fue la principal, donde fui capaz de encontrar mi hermosa propiedad en Figueira da Foz.

Si Usted es extranjero, por favor, recuerde que debe ser paciente, ya que puede tomarle algún tiempo para que puedan responderle; mi experiencia ha sido de aproximadamente unos 4-7 días, creo que hasta que se aseguran de tener a alguien que habla bien el inglés para responder.

Para los ciudadanos portugueses o extranjeros residentes que hablan portugués, no deberían tardar mucho.

Otro sitio web que es utilizado por los dueños de propiedades, así como agentes inmobiliarios es *www.olx.pt*; allí hay miles de propiedades de todo tipo a la venta. He encontrado muchas propiedades interesantes anunciadas aquí; *www.olx.pt* es similar, si no es lo mismo, como los sitios web de ebay que utilizan en Australia y América.

Los sitios que he enumerado deberían permitirle encontrar propiedades muy asequibles, como terrenos, casas móviles, apartamentos, casas, edificios y tiendas, por enumerar unos pocos.

www.Green-Acres.pt es utilizado principalmente por extranjeros en la búsqueda de propiedades en el extranjero.

Podría dar muchos sitios de internet para representantes inmobiliarios en Portugal, pero, como dice el titulo del libro "Los fundamentos de comprar una propiedad en Portugal", realmente deseo mantenerlo sencillo. Las propiedades más fáciles y más asequibles pueden encontrarse a través de los sitios mencionados anteriormente y los he encontrado como los medios más eficientes y eficaces de búsqueda de una propiedad en Portugal.

La mayoría de los sitios inmobiliarios están disponibles en varios idiomas; si es necesario puede utilizar *https://translate.google.com/* para traducir si no es capaz de encontrar su propio idioma.

Una vez que haya identificado una propiedad que le guste, la haya visto en persona y se puede imaginar viviendo allí, puede pasar a la siguiente fase si estás listo para hacer una oferta por la propiedad.

PASO 4

SUBASTAS DEL GOBIERNO

*Financas Portugal tiene una página web
donde llevan a cabo las subastas del gobierno online.*

También he utilizado el sitio de Financas de Portugal, que es un departamento gubernamental donde los propietarios no han podido pagar sus cuotas, y las propiedades se las ha quedado el estado o no hay ningún miembro de su familia para reclamar la propiedad después de la muerte del propietario; el Gobierno toma la propiedad y las subasta para recuperar impuestos, etc..

http://www.e-financas.gov.pt/vendas/Home.Action

Si ha encontrado una propiedad en este sitio, puede proceder por su cuenta si Usted es portugués. Si Usted es un extranjero, puede ser más fácil encontrar a alguien con fluidez en portugués o un advogado (abogado) que puede aconsejarle sobre cómo ir sobre licitaciones y asegurar la propiedad, si hace la oferta ganadora.

Básicamente, hay tres opciones para comprar una propiedad de "Financas":

Opción 1 Subasta online

Opción 2 Una carta cerrada

Opción 3 Negociación privada

Comprar una propiedad en una subasta del gobierno por una fracción del valor suena muy tentador, pero antes de que Usted participe en una subasta de la propiedad "Financas", hay algunas cosas que necesita saber:

Cada propiedad tiene un curador, una persona privada, un agente inmobiliario u otra entidad. Su responsabilidad es mostrar la propiedad durante un período determinado de tiempo antes de la subasta. Su nombre e información de contacto aparece en la Página Web de la subasta.

La subasta tendrá una duración de un período de quince (15) días y el precio de partida será el 70% del valor de la propiedad. Si no hay pujas durante ese período, se acabará la subasta online.

Para periodos de más de veinte (20) días después de cerrada la subasta online, Financas aceptará propuestas en carta cerrada con un precio inicial de oferta del 50% (ver una copia de una propuesta de carta cerrada al final de este capítulo).

Si, después de la segunda etapa todavía no hay ninguna propuesta, la propiedad se subastarán otra vez a través del sistema online normal, pero esta vez la subasta no tendrá un precio mínimo de oferta inicial. Puede ser vendido por tan poco como un (1) euro. SÍ, ES VERDAD. UNA PROPIEDAD PUEDE SER COMPRADA CON UN (1) EURO.

La compra de la propiedad estará sujeta al pago de los impuestos. Cuando usted hace una oferta, recuerde que este es el precio sin tasas. En el momento de la compra de la propiedad está obligado a pagar los dos (2) siguientes impuestos:

Imposto Municipal sobre Transmissão Onerosa de Imóveis

En español, esto significa básicamente impuestos municipales (Ayuntamiento/impuestos/tasas) sobre la transferencia de la propiedad.

Imposto de Selo

En español – Impuesto de transmisión de fincas.

Usted puede solicitar la subasta online o a través de una propuesta de carta cerrada. Yo prefiero la **opción 1, ya que fácilmente** puedes seguir el resultado online.

Una subasta cerrada significa que Usted no tiene acceso a las otras propuestas y sólo se conocerá el resultado al final de la subasta. Los resultados se publicarán entonces online por treinta (30) días.

Si usted gana la subasta, usted tiene que pagar un tercio (1/3) del valor inmediatamente y los restantes dos tercios (2/3) dentro de los quince 15 días siguientes.

Si el valor total de la propiedad supera los 51.000 €, Usted puede pedir una prórroga para pagar los otros dos tercios (2/3) dentro de un período de ocho (8) meses.

No hay ningún contrato entre Usted y Financas. Una vez que Usted haga una oferta, esta comprometido a la compra de la propiedad, según establece la ley portuguesa.

Una vez que ha pagado el importe total de la propiedad, el Financas le dará un documento llamado **"Auto de Adjudicacao"**, que básicamente funciona como una factura de venta y le transfiere la propiedad de la propiedad.

En esta etapa la propiedad aún no es suya. Hay un período de tiempo (dependiendo del proceso legal) durante el cual las otras partes se pueden oponer a la transferencia de la titularidad de la propiedad, tales como bancos, cónyuges descontentos o miembros de la familia, etc.

Después de que este periodo ha terminado y suponiendo que nadie se ha opuesto a la transferencia, Financas le dará un documento legal que anula todas las hipotecas, liberando la propiedad para ser registrado a su nombre.

Normalmente, la compra de una propiedad requiere un contrato de "Escritura" entre el vendedor y el comprador, que tiene que hacerse ante Notario. El escenario mencionado anteriormente es la única situación en la que no hay contrato de ninguna clase ni "Escritura" o contrato de ningún tipo. Ha sido regulado así para simplificar la transferencia de estas propiedades y reducir los costes para el futuro dueño.

Dos (2) documentos (factura de venta y cancelación de todas las hipotecas) le deben ser entregados por Financas, los cuales Usted necesita presentar en Conservatória do Registo Predial (en español – certificado del registro de la tierra). Allí es dónde finalmente puede registrar la propiedad a su nombre como el único dueño.

Por favor, recuerde que las propiedades enumeradas pueden necesitar ser totalmente renovadas o completamente demolidas y reconstruidas. Usted puede ser capaz de adquirir una propiedad a un precio barato, pero tenga en cuenta que puede tener costes adicionales, o costes ocultos debido a que la propiedad necesite ser renovada o reconstruida totalmente.

Antes de comprar cualquiera propiedad, revise la historia y la situación jurídica de la propiedad

Para esto, necesita ver el **"Certidao do Registo Predial"**. Este es un documento que contiene la historia completa de la propiedad. Normalmente, el curador tiene una copia de este documento.

También puede obtener una copia en la "Conservatória do Registo Predial", en la región donde Usted desea comprar la propiedad.

Este es un procedimiento muy importante: cualquier comprador siempre debe hacer un chequeo sobre la historia de la propiedad y sus actuales propietarios. En Portugal, es común que un pequeño porcentaje del edificio es propiedad de otra persona, una empresa, o la propiedad podría tener varios hipotecas en bancos, gravámenes o incluso pendiente acción legal contra el propietario.

Además, la propiedad podría ser actualmente alquilada a alguien y no puede averiguarlo hasta después de adquirir la propiedad. En Portugal, todos los inquilinos que tienen un contrato de alquiler en su lugar, están legalmente protegidos por ese contrato.

Copia del contrato: cerrado propuesta en Portugués.
(Dados do comprador: Nome, morada, contribuinte e contactos)

Data:_____

ASSUNTO: PROC. No._____
TRIBUNAL JUDICIAL DE_____
INSOLVENTE:_____

Excellencies,

    Vimos por este meio apresentar a nossa proposta para aquisição dos bens a seguir identificados referente ao processo supra identificado:

Verba No:_____
Total:_____

    Informamos V. Exas. que tomámos conhecimento do reulamento, não tendo nada a opor às condições de venda.

Sem mais,

Atenciosamente,

_____

Copia del contrato: propuesta serrada en español.
(Información del comprador: nombre, dirección, número de IVA, teléfono y correo electrónico)

Fecha: _____

ASUNTO: N° PROC. _____

TRIBUNAL DE _____

INSOLVENTE: _____

Excelencias,

      Por este medio presentamos nuestra propuesta para la adquisición de los activos que son identificados más abajo, refiriéndose al proceso identificado anterior:

Cantidad: _____

Total: _____

      Informamos a su excelencia que entendemos los términos, no teniendo nada que oponer a las condiciones de ventas.

No hay más,

                                   Atentamente,

                          _____

PASO 5

PROPIEDADES DE BANCO

Las subastas del Banco son otra forma de encontrar gangas. La subasta se realiza generalmente en el formato estándar. Normalmente ocurre con todos los presentes en una sala, cada uno teniendo un número de tarjeta, en una subasta abierta. Hay algunos subastadores que organizan subastas online, pero esto es menos común.

Un ejemplo:

• *http://www.uon-imobiliaria.pt/imobiliario.aspx?lang=EN*

Cada subasta tiene sus propias reglas y estas son fijadas por la institución bancaria o el subastador encargado de llevar a cabo la subasta. Es fundamental que consulte las regulaciones de cada subasta antes de firmar cualquier contrato o papel, de forma que entienda completamente el Reglamento antes de hacer una oferta.

Las subastas se anuncian generalmente en los sitios web de los bancos y también por los subastadores o agentes inmobiliarios.

Algunos ejemplos:

Caixa Geral de Depósitos (Banco)

• *http://www.caixaimobiliario.pt/leiloes/*

Subastadores

• *http://www.euroestates.pt/auctionlist.aspx?menuid=31*

• *http://www.uon-imobiliaria.pt/Imobiliario.aspx?lang=PT#/ mediacao /? vendidos = 0 & pagina = 1 & ordenacao = 5*

Agente Inmobiliarios

• *http://www.era.pt/campanhas/leiloes-de-casas_pt_1*

• *http://www.era.pt/vantagens/campanhas-showaspx?idcampanha= 1 & title = leiloes-decasas & idcampanha = 1 & title = leiloes-de-casas & idioma = pt1*

Con frecuencia, Usted puede encontrar inmobiliarias de los bancos para la venta sin subasta. La venta se lleva a cabo por un agente inmobiliario, a quién debería contactar para obtener información detallada acerca de la propiedad. Las propiedades están listadas como "Propiedades del Banco".

Algunos ejemplos:

Millennium BCP

http://IND.millenniumbcp.pt/en/particulares/Viver/IMOVEIS/pages/IMOVEIS.aspx#/ Search.aspx

Caixa Geral de Depósitos

https://en.caixaimobiliario.com/Buy-or-rent-in-Portugal/real-estate-search-result.jsp?operacao=8

Antes de ir a una subasta, Usted debería asegurarse de visitar la propiedad. Los portfolios de las propiedades en cada subasta enumeran las características de cada propiedad y la información de contacto de los agentes inmobiliarios responsables de establecer citas para visitar la propiedad.

Todas las subastas requieren registrarse y pagar una fianza, que es aproximadamente entre 5% y 10% del precio de reserva. Este depósito será el anticipo en caso de hacer la oferta ganadora. Si usted no compra ninguna propiedad, al final de la subasta el depósito le será devuelto directamente.

Si se echa atrás a comprar después de realizar la puja ganadora, perderá su depósito.

Los bancos que estén vendiendo estas propiedades pueden tener soluciones financieras específicas para propiedades particulares en estas subastas. Esto significa que el Banco puede ser capaz de ofrecerle una hipoteca. Asegúrese de que lea las pautas para la propiedad o propiedades que le interesa. Debería consultar las reglamentos/condiciones de cada subasta y asegurarse de que los entienda.

Algunos de los bancos en Portugal:

- Atlantico – Banco Portugues do Atlantico
- Banco de Portugal
- Banco 7
- Banco Portugues de Investimento (BPI)
- Banco Comercial Portugues
- Banco Espírito Santo
- Banco Internacional de crédito S.A.
- Banco Mello
- Banco Santander Totta
- Banif – Banco Internacional Fuchal
- Grupo financiero Banif
- Barclays Netbanking Portugal

- BBVA Portugal
- Caixa Geral de Depositos
- Caixa Economica Montepio geral (CEMG)
- CISF – Banco de Investimento S.A.
- Credito Agricola
- Espirito Santo Financial Group (ESFG)

PASO 6

CONTRATOS

Una vez haya elegido la propiedad que desea y el vendedor ha acordado un precio, entonces hará un **"Contrato de compromiso de compra o venta"**. Esto sólo es necesario en algunas situaciones, si no es posible comprar la propiedad inmediatamente.

Si Usted puede comprar la propiedad inmediatamente, entonces no necesita contratos, abogados, etc. Se puede establecer una cita en la oficina de CASA PRONTA. Esta es una oficina del gobierno donde usted puede solucionar **todo lo** relacionado con la compra de la propiedad de una vez.

¿Dónde puedes encontrar una oficina de CASA PRONTA?

Lista actualizada de las oficinas:

http://www.casapronta.pt/CasaPronta/conteudos/POSTOS _ atendimento.jsp

Puedes usar cualquier oficina de CASA PRONTA, no importa la región donde se encuentre su propiedad. Elije la oficina a su conveniencia o la más cercana a donde estés en Portugal.

Si usted esta comprando su propiedad a través de un agente inmobiliario, el agente se ocupará de esto por usted. Es un servicio estándar para el agente organizar esta cita y entregar los documentos necesarios a la oficina de CASA PRONTA. Este servicio es gratuito, el agente inmobiliario no cobrará ninguna tasa.

Si usted compra a una empresa constructora, es una práctica normal para el constructor encargarse de esta cita y del papeleo; Esto también está exento de cualquier cargos o cuotas.

Si Usted está comprando una propiedad mediante un préstamo bancario, la cita puede hacerse en el banco y el notario de CASA PRONTA irá al banco, si todos los miembros lo encuentran más conveniente. En este caso la cita es establecida online.

No tienes que hacer nada, ya que su Gerente de crédito del Banco se encargará de ello. Esto también es un servicio gratuito.

Todos los documentos que el vendedor entrega a la oficina de CASA PRONTA van a ser verificados por la oficina del gobierno. Estas personas son muy profesionales y detectarán si hay algún problema legal con la propiedad y le informarán.

Si usted no se siente seguro con el hecho de que su escritura vaya a ser en portugués, pida una copia del proyecto con unos días de antelación y téngalo traducido por alguien de su confianza.

Esta escritura está redactada por un notario del gobierno, no por el vendedor o cualquier otra persona.

Las agencias inmobiliarias con frecuencia proporcionan servicios de traducción para el cliente; el agente inmobiliario estará presente en la oficina de CASA PRONTA para ayudarle con cualquier duda que tenga y para ofrecer un servicio de traducción, especialmente cuando el cliente es extranjero. Esto también es gratuito.

Una vez que tienes una cita programada, tienes que asistir a la cita a la hora; algunas oficinas podrían cancelar su cita si usted no llega a la hora programada.

Lo que debes llevar:

- Un cheque emitido por el banco (giro postal) para pagar por la propiedad.

- Su ID

- Número de identificación fiscal Portugués (consulte la página 113 para más detalles)

- Una tarjeta de crédito, efectivo o cheque para pagar la cuota de servicio y los impuestos.

- Su esposa, esposo o pareja, si usted está comprando la propiedad en común.

¿Cuánto cuesta?

1. 700 € más tasas: 2 registros, es decir, registro de compra y registro de una hipoteca, si utilizas crédito bancario; o

2. 375 € más tasas: 1 registro de compra sin el uso de crédito bancario

3. Los honorarios del servicio mencionados.

4. El impuesto sobre las IMT: Tabla Adjunta (pp. 30-37)

5. El impuesto Imposto de Selo: 1%

Nota: Algunos impuestos pueden sufrir pequeñas variaciones cada año. Esta información se basa en las tasas impositivas en 2014

Portugués: Tablas IMT 2014 M Imposto Municipal Sobre As Transmissoes Onerosas de Imoveis

Continente

1. Aquisição de predio urbano ou fraccão autónoma de prédio urbano destinado exclusivamente à habitação própria e permanente:

CIMT – Art.° 17.° n.° 1-a)
Tabela Simplificada – Ano de 2014
Continente - Habitação própria e permanente

Rendimento Colectável (Euros)	Taxa Marginal a aplicar (em percentagem)	Parcela a abater (Euros)
Até 92.407,00	0%	0,00
De mais de 92.407,00 até 126.403,00	2%	1.848,14
De mais de 126.403,00 até 172.348,00	5%	5.640,23
De mais de 172.348,00 até 287.213,00	7%	9.087,19
De mais de 287.213,00 até 574.323,00	8%	11.959,32
Superior a 574.323,00	6%	0,00

2. Aquisição de predio urbano ou fraccão autónoma de prédio urbano destinado exclusivamente à habitação, não abrangido pelo quadro anterior:

CIMT – Art.° 17.° n.° 1-b)
Tabela Simplificada – Ano de 2014
Continente - Habitação

Rendimento Colectável (Euros)	Taxa Marginal a aplicar (em percentagem)	Parcela a abater (Euros)
Até 92.407.00	1%	0,00
De mais de 92.407,00 até 126.403,00	2%	924,07
De mais de 126.403,00 até 172.348,00	5%	4.716,16
De mais de 172.348,00 até 287.213,00	7%	8.163,12
De mais de 287.213,00 até 574.323,00	8%	11.035,25
Superior a 574.323,00	6%	0,00

Acquisição de prédios rústicos....................................5%

Acquisição de outros prédios urbanos e outras acquisições.........6,5%

A taxa é sempre de 10%, nao se aplicando qualquer isenção ou redução sempre que o adquirente tenha a residência ou sede em país, território ou região sujeito a um regime fiscal mais favorável, constante de lista aprovada por portaria do Ministro das Finanças.

REGIÕES AUTÓNOMAS

1. Aquisição de prédio urbano ou fracção autónoma de prédio urbano destinado exclusivamente à habitação própria e permanente:

CIMT – Art.°17.° N.°1 – a] e Lei 2/90, de 4/8
Tabela simplificada – Ano de 2014
Regiões autónomas – Habitação própria e permanente

Rendimento Colectável (Euros)	Taxa Marginal a aplicar (em percentagem)	Parcela a abater (Euros)
Até 115.508,75	0%	0,00
De mais de 115.508,75 até 158.003,75	2%	2.310,18
De mais de 158.003,75 até 215.435,00	5%	7.050,29
De mais de 215.435,00 até 359.016,25	7%	11.358,99
De mais de 359.016,25 até 717.903,75	8%	14.949,15
Superior a 717.903,75	6%	0,00

2. Aquisição de prédio urbano ou fracção autónoma de prédio urbano destinado exclusivamente à habitação, não abrangido pelo quadro anterior:

CIMT – Art.º17.º N.º1 – a] e Lei 2/90, de 4/8
Tabela simplificada – Ano de 2014
Regiões autónomas – Habitação

Rendimento Colectável (Euros)	Taxa Marginal a aplicar (em percentagem)	Parcela a abater (Euros)
Até 115.508,75	0%	0,00
De mais de 115.508,75 até 158.003,75	2%	1.155,09
De mais de 158.003,75 até 215.435,00	5%	5.895,20
De mais de 215.435,00 até 359.016,25	7%	10.203,90
De mais de 359.016,25 até 717.903,75	8%	13.794,06
Superior a 717.903,75	6%	0,00

Tablas de IMT 2014 M Imposto Municipal Sobre As Transmissoes Onerosas de Imoveis – traducido en español ; Tablas de IMT 2014 M el impuesto Municipal sobre la propiedad

Continente

1. Adquisición de edificio urbano o fracción autónoma del edificio urbano destinado únicamente para una vivienda propia y permanente.

CIMT – Artículo.17, No.1-a
Cuadro simplificado – año 2014
Continente - Poseedor permanente de la vivienda

Impuesto sobre la renta tasa Marginal Euros a aplicar (en porcentaje)	Impuesto sobre la renta tasa Marginal Euros a aplicar (en porcentaje)	Cantidad deducible (Euros)
Hasta 92.407.00	0%	0,00
Más 92.407,00 a 126.403,00	2%	1.848,14
Más 126.403,00 a 172.348,00	5%	5.640,23
Más 172.348,00 a 287.213,00	7%	9.087,19
Más 287.213,00 a 574.323,00	8%	11.959,32
Superior a 574.323,00 t	6%	0,00

2. Adquisición de edificio urbano o fracción autónoma del edificio urbano destinado únicamente para vivienda, no incluido en la tabla anterior.

CIMT – Artículo.17, No.1-b
Cuadro simplificado – año 2014
Continente – vivienda

Impuesto sobre la renta tasa Marginal Euros a aplicar (en porcentaje)	Impuesto sobre la renta tasa Marginal Euros a aplicar (en porcentaje)	Cantidad deducible (Euros)
Hasta 92.407.00	1%	0,00
Más 92.407,00 a 126.403,00	2%	924,07
Más 126.403,00 a 172.348,00	5%	4.716,16
Más 172.348,00 a 287.213,00	7%	8.163,12
Más 287.213,00 a 574.323,00	8%	11.035,25
Superior a 574.323,00	6%	0,00

Adquisición de edificio rústico...5%

Adquisición de otros edificios urbanos
y otras adquisiciones costosas...6,5%

La tasa es siempre 10%, no aplica ninguna exención o reducción cuando el comprador tiene la residencia o domicilio social en país, territorio o región sujetas a un régimen fiscal más favorable, lista de aprobados por orden del Ministro de Financas.

REGIONES AUTONOMAS

1. Adquisición de edificio urbano o fracción autónoma del edificio urbano destinado únicamente para residencia permanente:

CIMIT – Art.17, No.1 – a y Ley 2/90, de 4/8
Cuadro simplificado año 2014
Región Autónoma – vivienda propia y permanente

Impuesto sobre la renta tasa Marginal Euros a aplicar (en porcentaje)	Impuesto sobre la renta tasa Marginal Euros a aplicar (en porcentaje)	Cantidad deducible (Euros)
Hasta 115.508,75	0%	0,00
Más 115.508,75 a 158.003,75	2%	2.310,18
Más 158.003,75 a 215.435,00	5%	7.050,29
Más 215.435,00 a 359.016,25	7%	11.358,99
Más 359.016,25 a 717.903,75	8%	14.949,15
Superior a 717.903,75	6%	0,00

2. Adquisición de edificio urbano o fracción autónoma del edificio urbano destinado únicamente para vivienda no incluido en la tabla anterior:

CIMIT – Art.17, Nº 1 – b y Ley 2/90, de 4/8
Cuadro simplificado año 2014
Región Autónoma – vivienda propia y permanente

Impuesto sobre la renta tasa Marginal Euros a aplicar (en porcentaje)	Impuesto sobre la renta tasa Marginal Euros a aplicar (en porcentaje)	Cantidad deducible (Euros)
Hasta 115.508,75	0%	0,00
Más 115.508,75 a 158.003,75	2%	1.155,09
Más 158.003,75 a 215.435,00	5%	5.895,20
Más 215.435,00 a 359.016,25	7%	10.203,90
Más 359.016,25 a 717.903,75	8%	13.794,06
Superior a 717.903,75	6%	0,00

He adjuntado una copia de los siguientes contratos ambos en portugués y traducido al español. Estos contratos son un ejemplo de lo que podría utilizar cuando usted compra una propiedad en Portugal. Sólo deberían utilizarse como una guía, ya que algunos contratos podrían variar.

1. Una copia del contrato de arrendamiento de vivienda con opción a compra. También conocido como un "contrato de alquiler a compra".

2. Contracto De Compra y Venda – Alquiler urbano para la vivienda y el contrato de opción de compra.

3. Contracto De Permuta – acuerdo de intercambio (también conocido como permuta).

4. Contracto de Promessa de Compra e Venda com reserva de Propriedade de Bens Peliculas – Contrato de compra/venta con reserva de propiedad de propiedad Personal.

También debe tener en cuenta que Usted puede hacer un contrato a sus necesidades específicas en la compra de una propiedad; Si el dueño de la propiedad está de acuerdo a las condiciones indicadas en su propuesta, entonces ese es su contrato.

Por ejemplo, volviendo a cuando adquirí mi propiedad, le ofrecí tres pagos de suma global a realizarse durante un período de seis meses. El propietario estuvo de acuerdo a los términos de la propuesta que hice para comprar la propiedad.

Portugués: arrendamiento de casa

Entre:..,
natural da freguesia e concelho ...., viúva,
titular do bilhete de identidade .... *emitido em*
.... pelos ...., contribuinte
fiscal no. ...., ...,
titular do bilhete de identidade no. .... emitido em
...., contribuinte fiscal no. ....
..................................., ambasresidentesna ....,
...., na qualidade de herdeiras ....
...., NIF de herança ....
....................., como PRIMEIRAS OUTORGANTES e SENHORIAS, e,
...., solteiro, maior, natural de
...., de nacionalidade alemã,
titular do passaporte no. ....
emitido em .... pela embaixada alemã em
Lisboa, contribuinte fiscal no. .... e ....
...., ..., natural
da freguesia de ...., concelho de ....,
titular do cartão de cidadão no. .... válido até
.... emitido pela República Portuguesa, contribuinte
fiscal no. ...., ambos residentes em ....
....,
como SEGUNDOS OUTORGANTES e INQUILINOS, e
...., solteiro, maior,
natural de ...., Alemanha, de nacionalidade
alemã, titular do cartão de cidadão número ....
válido até .... emitido pela República Portuguesa,
contribuinte fiscal no. ...., residente em ....
.... Porches como
TERCEIRO OUTORGANTE E FIADOR é celebrado o presente

contrato de arrendamento habitacional nos termos do arto 1069 e seguintes do Código Civil, e que se rege pelas cláusulas seguintes:

Cláusula Primeira

As Primeiras Outorgantes são donas e legítimas proprietárias do prédio urbano destinado a habitação, sito em Rua do Sol também denominada ...., freguesia e concelho de ...., inscrito na respectiva matriz predial sob o artigo 741, descrito na Conservatória do Registo Predial de .... sob o no. ....
Parágrafo único: Prédio construído antes da data de ...., conforme certidão camarária de ....

Cláusula Segunda

Pelo presente contrato as Primeiras Outorgantes dão de arrenda-mento aos Segundos, o referido prédio, devoluto de pessoas e bens, pelo período de .... a ...., renovável automaticamente por períodos de 1 ano, se não fôr denunciado por qualquer das partes.

Parágrafo único – Em caso de venda do imóvel por parte das Primeiras Outorgantes, ficam os Segundos desde já, com direito de preferência nessa aquisição, acordando para esse efeito o valor de .... € , se decorridos 5 anos de arrendamento.

Cláusula Terceira

O preço acordado a pagar pelos Segundos Outorgantes às Primeiras foi determinado por ambas as partes da seguinte forma:

- Primeiro ano: 500,00 € (quinhentos euros) , mensais, pagos até ao dia 8 de cada mês, por transferência bancária para a conta ....
- Segundo ano: 550,00 € (quinhentos e cinquenta euros) mensais, pagos até ao dia 8 de cada mês, por transferência bancária para a conta ....
- Terceiro ano : 600,00 € (seiscentos euros) mensais, pagos até ao dia 8 de cada mês por transferência bancária para a conta ....
- Quarto e Quinto anos : 650,00 (seiscentos e cinquenta euros), mensais , pagos até ao dia 8 de cada mês por transferência bancária para a conta ....
- Com a assinatura do presente contrato os Segundos Outorgantes pagam a quantia de 1500,00 euros (mil e quinhentos euros).

Cláusula Quarta

- Os Segundos Outorgantes ficam desde já autorizados pelas Segundas Outorgantes a sublocar ou ceder no todo ou em parte, onerosa ou gratuitamente, o local arrendado.
- Os Segundos Outorgantes não podem realizar quaisquer obras que não sejam previamente autorizadas por escrito pelos Senhorios, e devidamente licenciadas que quando de beneficiação ou quando consideradas benfeitorias, ficam a fazer parte integrante do arrendado, sem direito a pagamento ou indemnização seja a que titulo ou natureza fôr.

Cláusula Quinta

Os inquilinos obrigam-se também, sob pena de indemnização a:

a) Com o termo do contrato abandonar o local deixando-o em bom estado de conservação como actualmente se encontra, funcionamento das instalações da rede de distribuição de água, electricidade, gás e esgotos, pagando à sua custa as reparações relativas a danificações.

b) Manter em bom estado as paredes, soalho e vidros.

Cláusula Sexta

O destino do arrendado é exclusivamente para habitação, não lhe podendo ser dado outro fim sob pena de resolução contratual.

Cláusula Sétima

O pagamento da água municipalizada, da energia eléctrica e saneamento básico, é da responsabilidade dos Segundos Outorgantes.

Cláusula Oitava

1. O Terceiro Outorgante, na qualidade de Fiador, procederá à respectiva renúncia do benefício de excussão prévia, assumindo de forma solidária, com os Segundos Outorgantes, o cumprimento estrito e pontual de todo o conteúdo versado no presente contrato de arrendamento.

2. Em conformidade com o no anterior, o fiador responderá ainda solidariamente por toda e qualquer alteração ou aditamento ao presente contrato.

3. No seguimento dos nos antecedentes, o seu conteúdo será válido, até à restituição do prédio objecto do presente contrato, livre quer de pessoas quer de bens.
4. Em tudo o que estiver omisso regulam as disposições legais aplicáveis.

_____

OS PRIMEIROS OUTORGANTES

O SEGUNDO OUTORGANTE

Arriendamiento de casa - traducción al Español :
Arrendamiento de vivienda

Entre _____ de la parroquia _____ y el Condado de ___, (nacido en ____), estado civil ____, titular del documento de identidad número ___ emitido en ____ por el servicio de identificación Civil de_____ identificación del contribuyente número ___ ___ ___ y ___ parroquia de ___ y Condado de ____ (nacido en ___), estado civil ___, titular del documento de identidad_____ emitido en _____ por el servicio de identificación Civil de ___, identificación de contribuyente número ___, ambos residentes en ___, como herederos de _____, herencia VATIN Nº ___, como primera parte y señoría ,y _____ estado civil,-____ de edad, nacido en ___, ___ nacionalidad,_____ titular del pasaporte número ___ emitido en ___ por la Embajada ___ en ___, identificación del contribuyente número _____ ambos residentes en___, como segunda parte y los inquilinos y _____ estado civil,_____ de edad, no nacido en ___, _____ nacionalidad, titular del documento de identidad número_____ válido hasta _____ expedido por ___, identificación del contribuyente número_____ residente en _____ como terceros y fiador, es celebrado el presente arrendamiento de la vivienda en los términos artículo 1069 del siguiente del Código Civil y regido por las siguientes cláusulas:

Cláusula Primera

Los primeros partidos son los dueños legítimos de la construcción urbana para uso residencial, en _____, parroquia de _____ y el condado de _____, escrito en el correspondiente registro de la tierra bajo el número del artículo _____, descrito en el Registro de la Propiedad de _____ bajo el número _____.

Párrafo único: edificio construido antes de 07 de agosto 1951, como consejo certificado ciudad de _____

Cláusula Segunda

Por el presente contrato los primeros partidos dan arrendamiento de vivienda para los segundos, dicho edificio, desocupado por personas o bienes, para el período de _____ a _____, renovable automáticamente por un período de 1 año, si no denunciado por cualquiera de las partes.

Párrafo único - En caso de venta de la inmóvil por los primeros partidos, los segundos tienen el derecho de tanteo en la adquisición, con el de este efecto de la _____, si transcurren 5 años de arrendamiento.

Cláusula Tercera

El precio establecido a ser pagado por las Segundas Partes en primer lugar se determinó por ambas partes de la siguiente manera:

- Primer año: 500,00 € (quinientos euros) por mes, pagados hasta el octavo día de cada mes, mediante transferencia bancaria a la cuenta _____
- Segundo año: 550,00 € (€ 550) por mes, pagados hasta el octavo día de cada mes, mediante transferencia bancaria a la cuenta _____
- Tercer año: 600,00 € (€ 600) por mes, pagados hasta el octavo día de cada mes, mediante transferencia bancaria a la cuenta _____
- Cuarto y quinto año: 650,00 (€ 650), al mes, pagado hasta el octavo día de cada mes, mediante transferencia bancaria a la cuenta _____
- Con la firma del presente contrato las Segundas Partes pagan la cantidad de _____ euros (euros).

Cláusula Cuarta

- Las Segundas Partes quedan autorizadas por las Primeras Partes de subarrendar o ceder en todo o en parte, con coste o gratuito, el sitio arrendado.
- Las Segundas Partes no pueden hacer obras que no hayan sido autorizadas previamente por los terratenientes y propietarios de la licencia de que cuando se actualiza o cuando las mejoras consideradas, son parte integrante de lo arrendado, sin derecho a pago o compensación de cualquier título o de la naturaleza.

Cláusula Quinta

Los inquilinos están obligados a, bajo pena de indemnización:

a) Con el término del contrato de abandonar el ámbito local, dejándolo en buen estado como lo es ahora, el funcionamiento de las instalaciones de la red de suministro de agua, electricidad, gas y alcantarillado, prestando a su cargo las reparaciones relativamente a los daños.

b) Mantener en buen estado las paredes, piso y paneles.

Cláusula Sexta

El destino del alquiler es exclusivamente para vivienda y no se puede dar otra orden bajo pena de resolución contractual.

Cláusula Séptima

El pago municipal de agua, electricidad y saneamiento es responsabilidad de las Partes Segundas.

Cláusula 8

1. La Tercera Concedente, como Garante, procederá a renunciar al beneficio de la fiscalía antes, asumiendo la solidaridad con las Segundas Partes, el desempeño estricto y puntual de todos los contenidos versado en este contrato de arrendamiento.

2. De conformidad con el párrafo anterior, el garante también responderá por cualquier modificación o adición al presente contrato.

3. Párrafos siguientes antecedentes, sus contenidos serán válidos hasta la vuelta del edificio objeto de este contrato, libre de personas y bienes.

En todo lo que no se encuentra a regular las disposiciones legales.

Lugar, ———————————————

Fecha, ———————————————

LOS PRIMEROS PARTIDOS

EL SEGUNDO OTORGANTE

Contrato de Arrendamento Urbano para fins Habitacionais e com Opção de Compra

Acrescentar ao contrato uma cláusula com o seguinte teor:

Cláusula Décima Segunda

O primeiro outorgante (senhorio) confere ao segundo outorgante (arrendatário) o direito de adquirir o imóvel objeto do presente contrato nos termos e condições constante do anexo 1 que dele faz parte integrante.

ANEXO 1

OPÇÃO DE COMPRA

1. O primeiro outorgante (senhorio) e o segundo outorgante (arrendatário) acordam que o preço de venda do imóvel objeto do presente contrato é de .... euros (por extenso).

2. Mais acordam que ao preço referido no número anterior serão deduzidas ....(percentagem) das rendas efetivamente pagas pelo segundo outorgante ao primeiro outorgante, no âmbito da vigência do contrato de arrendamento e que sejam devidas até à data do contrato de compra e venda.

3. O segundo outorgante poderá exercer o seu direito de opção de compra, nos termos referidos nos números anteriores, até cento e oitenta (180) dias antes da data do termo do contrato.

4. Caso o segundo outorgante não exerça o direito referido no número anterior, o contrato de arrendamento renovase por igual período, sem prejuízo do direito de as partes se oporem à sua renovação, nos termos do disposto na lei.

5. Salvo acordo em contrário entre as partes, o não exercício do direito de opção de compra por parte do segundo outorgante, nos termos e condições referidos nos números anteriores, faz cessar o mesmo e, em consequência, fica sem efeito o disposto nos números um e dois deste anexo.

6. Sem prejuízo do disposto no número três, a opção de compra por parte do segundo outorgante poderá ser exercida a todo o tempo de vigência do presente contrato, mediante o envio de carta, por correio registado com aviso de receção, ao primeiro outorgante.

7. Caso o primeiro outorgante não cumpra com o acordado no presente anexo, não aceitando o exercício do direito de opção de compra nos termos definidos neste anexo e não comparecendo à celebração do contrato de compra e venda, é da sua responsabilidade devolver ao segundo outorgante a quantia de ....
euros, correspondente a ....
meses de renda, acrescida de juros de mora à taxa legal desde a data da comunicação do segundo outorgante até efetivo pagamento.

8. A marcação do contrato de compra e venda ficará a cargo do segundo outorgante, o qual deverá comunicar por escrito, em correio registado com aviso de receção, ao primeiro outorgante, o local, a data e a hora do referido contrato, com a antecedência mínima de oito dias da data agendada.

9. O imóvel objeto do presente contrato será vendido livre de quaisquer ónus e encargos.

10. São da responsabilidade do .... outorgante todas as despesas e encargos com a formalização do contrato devido pelo exercício do direito de opção de compra do imóvel melhor descrito na cláusula.................…....., nomeadamente registos provisórios ou definitivos, Imposto Municipal sobre as Transmissões Onerosas (IMT), se a estes houver lugar, emolumentos notariais e toda a documentação

Feito em .... de .... de 2013, em duplicado, ficando um exemplar em poder de cada uma das partes.

Primeiro Outorgante

Segundo Outorgante

Alquiler urbano para la vivienda y el contrato con opción de compra

Agregar en el contrato una cláusula que reza como sigue:

Cláusula 12

El primer partido... (Propietario) da a la segunda parte... (Arrendatario) el derecho de obtener la propiedad ....
....

objeto del presente contrato en los términos y condiciones establecidos en el Anexo 1 que forma parte.

ANEXO 1

OPCIÓN

1. El Primer Partido...(Propietario) y la Segunda Parte... (Arrendatario) están de acuerdo de que el precio de venta... del inmueble objeto del presente contrato es... Euros (importe total).

2. La mayoría está de acuerdo que se deducirá el precio mencionado anteriormente... (Porcentaje) de los ingresos efectivamente pagados por el Segundo Partido para el Primer Partido dentro del plazo del contrato de arrendamiento y que puede ser debido hasta la fecha del acuerdo de compra y venta.

3. La Segunda Parte puede ejercer su opción de compra bajo los términos establecidos en las figuras anteriores, ciento ochenta 180 días antes de la fecha de expiración del contrato.

4. Si la Segunda Parte no ejerce el derecho contemplado en el anterior párrafo, la renovación del contrato de arrendamiento para el mismo período, sin perjuicio del derecho de las partes para oponerse a su renovación bajo las disposiciones de la ley.

5. Salvo que se acuerde entre las partes, no ejercer la opción de compra por el Segundo Partido, bajo los términos y condiciones mencionadas en los párrafos anteriores, detiene el mismo y por lo tanto no tiene ningún efecto a las disposiciones de los párrafos 1 y 2 del presente anexo.

6. Sin perjuicio del apartado 3, la opción de compra por el Segundo Partido puede ejercerse en cualquier momento de la vigencia del presente contrato enviando en una carta certificada por correo con acuse de recibo, a la Primera Parte.

7. Si el Primer Partido no cumple con los acuerdos en el presente anexo, no aceptando a ejercer el derecho a adquirir la opción como definido en el presente anexo y no asistir a los acuerdo de compra y venta de celebración, es su responsabilidad para dar vuelta a la Segunda Parte la cantidad de... Euros, correspondiente a... meses de alquiler, más los intereses a la tasa legal desde la fecha de comunicación de la segunda parte hasta el pago efectivo.

8. La marca del contrato de compra será la responsabilidad del Segundo Partido, que será notificación mediante por escrito, por correo certificado con acuse de recibo, para el primer partido, el lugar, fecha y hora del contrato, por lo menos ocho días antes de la fecha prevista.

9. El tema de la propiedad de este contrato se venderá libre de gravámenes y cargas.

10. La responsabilidad del Donatario... todos los gastos y cargos relacionados a la formalización del contrato por el ejercicio de la opción de comprar la mejor propiedad descrita en la cláusula..., incluyendo registros temporales o permanentes, Municipal impuesto transmisiones costosos (IMT), si no hay tal lugar, gastos de notaría y toda la documentación requerida.

Hecho en …………………….......de …………………….….... 2013, en duplicado y una copia de cada partido.

Primer partido

Segunda parte

Contrato De Compra E Venda

PRIMEIRO

...

e

SEGUNDO

...

sobre a identificação das partes, vendedor e comprador, ver "notas" celebram entre si contrato de compra e venda, nos termos das cláusulas seguintes:

Primeira

Pelo preço de ... euros, que já recebeu e de que dá quitação, o PRIMEIRO vende ao SEGUNDO a fracção autónoma designada pela letra ..., correspondente a ..., do prédio urbano, sito em ..., freguesia de ..., concelho de ..., descrito na Conservatória do Registo Predial de ... sob o número ... da freguesia de ..., submetido ao regime da propriedade horizontal nos termos da inscrição F - ..., inscrito na matriz predial urbana sob o artigo ..., sendo de ... euros o valor patrimonial da fracção autónoma, que está registada a favor do vendedor pela inscrição G- ....

Segunda

A fracção autónoma é vendida livre de ónus ou encargos, ficando assegurado o cancelamento da hipoteca registada a favor de ... pela inscrição C - ....

Terceira

Para o prédio/para a fracção autónoma ora transmitida   foi   emitido pela Câmara Municipal de ..., no dia ..., o alvará de autorização de utilização no....   /O prédio foi inscrito na matriz em data anterior a 1951,   não sendo exigível   licença de utilização.

Quarta

O SEGUNDO aceita a venda, destinando a fracção adquirida a habitação própria permanente.

1. *O   SEGUNDO   aceita   a   venda,   destinando   a   fracção adquirida   a   habitação própria permanente.*

2. *O Comprador utilizou no pagamento, a quantia de ...   euros, proveniente de conta "Poupança-Habitação", titulada em seu nome, e aberta há mais de um ano, junto do Banco ....*

Quinta

A ficha técnica do imóvel será entregue pelo PRIMEIRO ao SEGUNDO no acto de autenticação do presente contrato.

Sexta

... não exerceu o respectivo direito legal de preferência.

Sétima

No presente negócio interveio F ..., mediador imobiliário/
sociedade de mediação imobiliária, titular da   licença no.   ...
/registado(a) no Instituto da Construção e do Imobiliário, I.P., sob o
no. .... /As partes não recorreram a mediação imobiliária.

local: _____

data: _____

assinaturas:_____

TERMO DE AUTENTICAÇÃO

No dia … , em   ….[i], perante mim, … [ii], compareceram:

> sobre   a   identificação   das   partes [vendedor e
> comprador], demais intervenientes   e sobre a verificação
> da respectiva identidade, ver notas"

que, para autenticação, me apresentaram o contrato de compra e
venda   anexo,   declarando que já o leram/que estão perfeitamente
inteirados do seu conteúdo,   que   exprime a sua vontade [e/ou a
vontade do seu Representado].

E que, advertidos de que, nos termos do disposto no   artigo 40.o da
Lei n.o 15/2013, de 8 de fevereiro, o cliente de empresa de mediação
imobiliária que omita a informação sobre a intervenção desta no
contrato   incorre na   pena   aplicável ao crime de   desobediência
previsto no   art.o 348.o do Código Penal,   declararam ainda que,
para a compra e venda,   recorreram a mediação imobiliária prestada
por …,   titular da licença n.o … /registado(a) no   Instituto da
Construção e do Imobiliário, I.P. sob   o no. …   / não recorreram a
mediação imobiliária.

Verifiquei:

- a identidade das partes …   e   a   qualidade e poderes para
o presente acto … [iii] ;
- sobre   a   verificação da identidade das partes e demais
intervenientes, ver   notas"

- os elementos registrais da fracção autónoma transmitida por consulta da certidão permanente de registo predial, com o código de acesso n.o ... /por certidão do teor da descrição e das inscrições em vigor, emitida pela Conservatória ... , no dia ..., que exibiram;

- os elementos matriciais por consulta da caderneta predial ... /por caderneta predial/certidão do teor da inscrição matricial/comprovativo da declaração para inscrição ou actualização da inscrição de prédios urbanos na matriz (modelo 1) emitido no dia ... , que exibiram;

Exibiram:

- alvará de autorização de utilização n.o ..., emitido para a fracção autónoma/para o prédio[iv] pela Câmara Municipal de ..., no dia/ certidão de escritura pública, da qual consta que para o prédio/para a fracção autónoma vendida[v], foi emitido pela Câmara Municipal de ..., no dia ... , o alvará de autorização de utilização n. o ... /caderneta predial emitida no dia ..., da qual consta que o imóvel foi inscrito na matriz em data anterior a 7 de Agosto 1951/certidão emitida pela ... no dia ..., comprovativa de que o prédio foi edificado antes de 7 de Agosto de 1951, pelo que a respectiva utilização não estava sujeita a licenciamento municipal]);

- a ficha técnica da habitação[vi], neste acto entregue ao comprador

Ficam arquivados:

- documento único de cobrança do imposto municipal sobre as transmissões onerosas de imóveis n.o ... , no valor de ... , liquidado no dia ... e pago no dia, e o extracto da declaração para a liquidação[vii];

- documento único de cobrança n.o ... , comprovativo do pagamento do imposto do selo da verba 1.1 da tabela geral, no valor de ..., liquidado no dia ... e pago no dia ... , e o extracto da declaração para a liquidação.

- declaração emitida pelo Banco ... no dia, comprovativa de que o comprador utilizou na aquisição do imóvel o montante de ..., proveniente da conta poupança-habitação que tem naquela instituição bancária, tendo respeitado o prazo contratual mínimo de um ano de imobilização[viii].

As partes foram advertidas da anulabilidade/ ineficácia do acto em relação a ... por ...[ix].

O presente termo de autenticação foi lido e explicado, em voz alta e na presença simultânea de todos os intervenientes

[assinaturas das partes, demais intervenientes[x] e da entidade autenticadora]

Contrato De Compra E Venda – traducido al Español

Contrato de compra y venta

ACUERDO DE COMPRA Y VENTA

PRIMERO

....

Y

SEGUNDO

....

En la identificación de las partes, vendedor y comprador.

Celebran un contrato de venta, conforme a las siguientes cláusulas:

Primero

Por el precio de... euros, que ya ha recibido y dando la descarga, el Primero y el Segundo... vende la unidad del edificio señalada por la carta...... correspondiente a..., el edificio urbano ubicado en..., parroquia..., municipio ..., descrito en el registro de la propiedad

bajo número........ de... la parroquia, sometida al régimen de propiedad horizontal bajo la F

inscripción -..., inscrita en el registro de las tierras urbanas conforme al artículo..., siendo EUR ..... el valor contable de la unidad de construcción que se ha registrado al vendedor por el G-registro...

Segundo

La unidad de construcción se vende libre de gravámenes o cargas, siendo asegurada la cancelación de la hipoteca a favor de la C... Descripción -...

Tercero

Para el edificio / unidad del edificio para transmitir ahora fue emitido por la ciudad de..., en..., el uso del permiso que autoriza número... /... el edificio se inscribió en la matriz antes de 1951, no requiere licencia de uso.

Cuarto

La Segunda acepta la venta, la asignación de la fracción adquirida de residencia permanente.

1. *La Segunda acepta la venta, la asignación de la fracción adquirida de residencia permanente.*
2. *El Comprador solía pagar la suma de ... euros, a partir de la cuenta "ahorro de vivienda", titulada en su nombre y abierta más de un año, con el banco...*

Quinto

La hoja de propiedades será entregada por el primer segundo en el acto de autenticación de este contrato.

Sexto

.... No tiene el legítimo derecho de primer rechazo.

Séptimo

En este negocio intervino F..., agente inmobiliario / empresa inmobiliaria, titular de la licencia No... / registrado (a) en el Instituto de construcción y agentes inmobiliarios, propiedad intelectual, conforme al párrafo... / las partes no utilizaron la inmobiliaria.

Ubicación:_____

Fecha:_____

Firmas:_____

TÉRMINOS DE AUTENTICACIÓN

En ....…… En ………………...............,
Delante de mí..., asistieron:...

En la identificación de las partes [vendedor y comprador], otras partes interesadas y la verificación de su identidad.

Que, para la autenticación, me mostraron lo que será el contrato de venta adjunta declarando que han leído / que conocen perfectamente su contenido, expresando su voluntad [y / o la voluntad de su representado].

Y eso, aconsejó que en virtud del artículo 40 de la Ley No 15/2013 de 8 de febrero, el cliente de empresa inmobiliaria que omite información sobre su participación en el contrato incurre en la pena aplicable al delito de desobediencia según mantiene el artículo 348 del Código Penal también afirmó, para la compra y venta, recurrió a Inmobiliaria proporcionada por..., titular de la licencia No... / registrado (a) en el Instituto de construcción y inmobiliarias, IP bajo el No... / no utilizó los datos de la inmobiliaria.

Revisado:

- La identidad de las partes... y la calidad y el poder de la ley...; sobre la identidad de las partes y otros accionistas.

- Registrar *los elementos de la unidad del edificio transmitida*, consultando el certificado permanente del registro de la tierra, sin código de acceso... /... certificado por la descripción de los contenidos y registros en vigor, expedido por el registro, en..., que exhibió;

- Los elementos de la matriz consultando el libro de propiedad... / libro del edificio / contenido del certificado de matriz de registro / declaración atestiguando el registro o actualización de registro de la propiedad urbana en la matriz (modelo 1) emitido en el día........ que exhibió;

Expuesto:

- No uso de la autorización de permiso expedido por la unidad de construcción / al edificio por la ciudad de..., sobre / certificado de una escritura pública, que establece que para la construcción / la unidad vendida por, fue emitida por el Ayuntamiento de... en... el permiso de uso autoriza número... / libreta expedida en..... que establece que la propiedad fue introducida en la matriz en una fecha anterior a 07 de agosto de 1951 de la tierra / certificado expedido por... en... para demostrar que el edificio fue construido antes de 07 de agosto de 1951, y su uso no estaba sujeto a la licencia municipal;

- La hoja de datos de la vivienda, por la presente es entregada al comprador.

Se archivan:

- Solo documento de la colección de impuesto municipal sobre la cesión onerosa de propiedad número... valor..., establecido en... y pagado en el día y la declaración del extracto establecido;

- Colección documento único...Número, comprobante de pago de la cantidad de impuesto de transmisión de fincas 1.1 de la tabla general, valor..., asentado en... y... pagados y la declaración establecida.

- Declaración emitida por el banco en el día, en que el comprador utiliza la compra de la propiedad de la cantidad de... de la caja de ahorros que tiene ese banco, han cumplido con el período de contrato mínimo de un año de detención.

Las partes fueron aconsejados de nulidad / ineficacia de la ley de la... por..
....

Este término de autenticación fue leído y explicado, en voz alta y en la presencia simultánea de todas las partes interesadas

....
Nombre.......................   Nombre.......................

[Firmas de las partes, otras partes interesadas y la entidad de autenticación]

CONTRATO DE PERMUTA

PRIMEIRO

...

e

SEGUNDO

...

sobre a identificação das partes, ver "*notas*"

celebram entre si contrato de permuta, nos termos das cláusulas seguintes:

Primeira

Que são donos e legítimos possuidores:

• PRIMEIRO da fracção autónoma designada pela letra ... , correspondente a ... , destinada a ... , do prédio urbano, sito em ... , na freguesia de ... , concelho de ... , descrito na Conservatória do Registo Predial de ... sob o número ... da freguesia de ... , submetido ao regime de propriedade horizontal nos termos da inscrição F - ... , registada a seu favor pela inscrição G - ... , inscrito na matriz predial urbana sob o artigo ... , com o valor patrimonial de ... euros, a que atribuem o valor de ... euros, e será designada IMÓVEL UM.

• SEGUNDO de ... , a que atribuem o valor de ... euros, e será designado IMÓVEL DOIS.

Segunda

Sobre o IMÓVEL UM   incide uma hipoteca a favor de … , para garantia de empréstimo concedido ao PRIMEIRO, registada   pela apresentação … , cujo cancelamento está assegurado.

O IMÓVEL DOIS está livre de qualquer ónus ou encargo.

Terceira

Pelos valores acima atribuídos, o PRIMEIRO cede o IMÓVEL UM ao SEGUNDO, que em troca lhe dá o IMÓVEL DOIS e   … euros, em dinheiro, importância de que dá quitação.

Quarta

1. Para o prédio de que faz parte o IMÓVEL UM   foi emitida em … , pela Câmara Municipal de … ,   a autorização de utilização no … .

2. Para   o IMÓVEL DOIS foi emitida em … pela Câmara Municipal de … , autorização de utilização no … .

Quinta

As fichas técnicas dos imóveis permutadas serão entregues no acto de autenticação deste contrato.

Sexta
(Mediação imobiliária)

No presente negócio interveio F ... , mediador imobiliário/sociedade de mediação imobiliária, titular da licença n.o ... /registado(a) no Instituto da Construção e do Imobiliário, I.P., sob o n.o ... . /As partes não recorreram a mediação imobiliária.

Sétima

As Partes destinam os imóveis que acabam de adquirir a habitação própria permanente.

Local: _____

Data: _____

Assinaturas: _____

TERMO DE AUTENTICAÇÃO

No dia … , em   ….[xi], perante mim,   …[xii], compareceram:

sobre a identificação das partes, demais intervenientes   e sobre a verificação da respectiva identidade, ver "notas"

que, para autenticação, me apresentaram o contrato de permuta anexo, declarando que já o leram/que estão perfeitamente inteirados do seu conteúdo, que exprime a sua vontade [e/ou a vontade do seu Representado].

E que, advertidos de, que nos termos do disposto no artigo 40.o da Lei n.o 15/2013, de 8 de fevereiro,   o cliente   de empresa de mediação imobiliária que omita a informação sobre a intervenção desta no contrato incorre na pena aplicável ao crime de desobediência previsto no art.o 348.o do Código Penal,   declararam ainda que, para a permuta,   recorreram a mediação imobiliária prestada por … , titular da licença n.o … /registado(a) no Instituto da Construção e do Imobiliário, I.P. sob o n.o …   / não recorreram a mediação imobiliária.

Verifiquei:

- a identidade das partes … e a qualidade e poderes para o presente acto …[xiii] ;
- sobre a verificação da identidade das partes e demais intervenientes, ver "notas"
- os elementos registrais de …   por consulta da certidão permanente de registo predial, com o código de acesso n.o …

- /por certidão do teor da descrição e das inscrições em vigor, emitida pela Conservatória ... , no dia ..., que exibiram;

os elementos matriciais de ...   por consulta da caderneta predial ... /por   caderneta   predial/certidão   do   teor   da   inscrição matricial/comprovativo da declaração para inscrição ou actualização da inscrição de prédios urbanos na matriz (modelo 1) emitido no dia ... , que exibiram;

Exibiram:

- alvará de autorização de utilização n.o ..., emitido para a fracção autónoma/para o prédio[xiv] pela Câmara Municipal de ..., no dia/ certidão de escritura pública, da qual consta que para o prédio/para a fracção autónoma permutada,[xv] foi emitido pela Câmara Municipal de ..., no dia ... , o alvará de autorização de utilização n. o ... /caderneta predial emitida no dia ..., da qual consta que o imóvel foi inscrito na matriz em data anterior a 7 de Agosto 1951/certidão emitida pela ... no dia ..., comprovativa de que o prédio foi edificado antes de 7 de Agosto de 1951, pelo que a respectiva utilização não estava sujeita a licenciamento municipal;
- a ficha técnica da habitação,[xvi] neste acto entregue a ... .

Ficam arquivados:

- documento único de cobrança do imposto municipal sobre as transmissões onerosas de imóveis n.o ... , no valor de ... , liquidado no dia ... e pago no dia, e o extracto da declaração para a liquidação[xvii];

- documento único de cobrança n.o ...   , comprovativo do pagamento do imposto do selo da verba 1.1 da tabela geral, no valor de ..., liquidado no dia ... e pago no dia ... , e o extracto da declaração para a liquidação.

As partes foram advertidas da anulabilidade/ ineficácia do acto em relação a ... por ...[xviii].

O presente termo de autenticação foi lido e explicado, em voz alta e na presença simultânea de todos os intervenientes

[assinaturas das partes, demais intervenientes[xix] e da entidade autenticadora]

Contrato De Permuta – traducido al Español
CONTRATO DE PERMUTA

PRIMERO

....

Y

SEGUNDO

....

En la identificación de las partes,
Celebran mutuamente contrato de permuta , conforme a las siguientes cláusulas:

Primera

Quiénes son los propietarios y dueños legítimos:

- El primero de la unidad de condominio designadas por la letra..., correspondiente a..., destinado a....., el edificio urbano situado en...... en la parroquia de... Condado, descrito en el registro de la propiedad bajo el número. .de... la parroquia de... sometidos al régimen de propiedad horizontal bajo el registro F -..., grabado en su favor por la inscripción G -... inscrita en el registro de tierra urbana bajo el artículo... con un valor contable de... euros, que asigna el valor de... euros y será designada una propiedad.

- La Segunda de... valor de lo atribuido... euros y serán asignadas dos propiedades.

Segunda

PROPIEDAD UNO se centra en una hipoteca a favor de
........................……..……….. para la garantía de préstamo otorgado a primera,
registrado por la presentación... cuya cancelación está asegurada.

DOS todavía está libre de cualquier carga o cargos.

Tercera

Los valores asignados anteriormente, el Primero cede la propiedad al
Segundo, que a su vez le da... y todavía dos euros en importancia de
efectivo de la aprobación de la gestión.

Cuarta

1. Para   un   edificio   que   forma   parte   del
   edificio………………………….. fue   emitida   por   la
   Municipalidad   de...   …………………………………la
   autorización para usar………número

2. Para   dos   todavía   fue   emitida   por   la   ciudad
   d e . . . .
   autorización……………………………. número de uso.

Quinta

Hojas de datos de propiedad intercambiados se entregarán en el acto
de autenticación de este contrato.

Sexta

(Inmobiliarias)

En este negocio intervino F..., agente inmobiliario / Empresa Inmobiliaria , titular de la licencia número................. / Registrado (a) en el Instituto de la construcción y propiedad, propiedad intelectual, bajo número .... /

Las partes no han recurrido a la inmobiliaria.

Séptima

Las partes están diseñadas para los propietarios que acaban de adquirir su propia vivienda permanente.

Ubicación:_____

Fecha:_____

Firmas:_____

TÉRMINOS DE AUTENTICACIÓN

A ……………………………….. en…………………….…, ante mí,………………………………………………………………………………
…………asistieron:………………………………………………………………
…………………………

En la identificación de las partes y otros interesados sobre la verificación de su identidad, que para la autenticación, me mostró el Convenio de intercambio adjunto, afirmando que desde la lectura / que…………………………….se conocen perfectamente su contenido, que expresa su deseo [y / o la voluntad de su representado].

Y quien aconsejó que en virtud del artículo 40 de ley Nº 15/2013, de 8 de febrero, la compañía inmobiliaria del cliente que omite información sobre su participación en el contrato incurre en una pena aplicable al delito de desobediencia, previsto en el artículo 348 del Código Penal, también afirmó que, para el intercambio, se transformó en bienes inmueble... siempre y cuando, el titular de la licencia número…………………………………….... / registrado (a) en el Instituto de la construcción y propiedad, IP bajo el número………………………………. / no recurrió al agente inmobiliario.

Revisado:

- La identidad de las partes………………………………………………………
la calidad y las competencias de la ley…………………………………………;

Comprobación de la identidad de las partes y otros participantes.

- Registrados los elementos... consultando el permanente certificado de registro de tierras, sin acceso del código......... / certificado por el contenido de la descripción y registros en vigor emitido por el registro.. en el día.. que exhibió;

- Los elementos de la matriz del edificio para consulta.. libro / libreta para edificio / contenido del certificado de matrices / registro de comprobante de inscripción o actualización del registro de propiedades urbanas en la matriz (modelo 1) expedido en.. que exhibió;

Expuesto:

- Sin permiso autoriza uso... emitido a independiente / fracción al edificio por el Ayuntamiento de.............................. / certificado de acción, que establece que para el edificio / unidad de condominio intercambiado, fue emitida por el Ayuntamiento de................................ el.................................... el permiso autoriza uso número..................................... / libreta expedida en, que establece que la propiedad fue inscrita en la matriz antes de 07 de agosto de 1951 de la tierra / certificado expedido por................................. en.................................... afirmando que el edificio fue construido antes de 07 de agosto de 1951, para que su uso no esté sujeto a licencias locales;

- Hoja de datos de vivienda, por la presente dado a..

Se archivan:

- Colección del documento único de impuesto municipal sobre la cesión onerosa de propiedad............................. valor............................... liquidado y pagado al día, y el extracto de la declaración para el establecimiento;

- Ninguna colección del documento único........ comprobante de pago del presupuesto de transmisión de propiedades de 1.1 General de impuestos mesa, valor............................ liquidado......... y pagado al día.......................... y el extracto de la declaración para el establecimiento.

- Los partidos fueron aconsejados de anulación / nulidad de la ley en relación con el... por...

La autenticación de este término fue leída y explicada, en voz alta y en la presencia simultánea de todas las partes interesadas

[Firmas de las partes, otras partes interesadas y la entidad de autenticación]

CONTRATO DE PROMESSA DE COMPRA E VENDA

ENTRE:

.... (nome), natural de ...., *contribuinte fiscal no.* .... e
.... natural de ...., contribuinte fiscal no. ....,
casados no regime de comunhão de adquiridos, residentes em
........................, ambos como **Vendedores**;

E

.... (nome), solteiro, maior, natural de ...., contribuinte no ....,
residente na ...., adiante designado por **Comprador**,

**É mutuamente acordado e aceite o presente contrato de compra e
venda, nos termos e cláusulas seguintes:**

Cláusula 1.ª

Os **Vendedores** são proprietários de um conjunto de máquinas
destinadas à indústria de restauração, devidamente descritas e
identificadas na lista anexa ao presente contrato, dele fazendo parte
integrante.

Cláusula 2.ª

Pelo presente contrato, os **Vendedores** vendem ao **Comprador**, que
por sua vez lhes compra, livres de quaisquer ónus, encargos ou
responsabilidades, as referidas máquinas de restauração.

Cláusula 3.

1. O preço da compra e venda é de €. .... (......... de euros), pagos da seguinte forma:

    a) €. .... (........de euros) na data da celebração do presente contrato;

    b) €....... (....de euros), ou seja, a parte restante, deverá ser paga em prestações mensais de €: ....(......de euros), durante os próximos doze meses, ou seja de ..... a .... inclusive.

Cláusula 4.

A presente venda é feita com reserva de propriedade para os vendedores até que o preço se encontre integralmente pago, não obstante as referidas máquinas terem sido entregues na presente data ao **Comprador**.

Cláusula 5.

As prestações mensais referidas na cláusula 3.ª b) deverão ser entregues até ao quinto dia útil de cada mês na residência dos **Vendedores**.

Cláusula 6.ª

1. As partes desde já acordam que o **Comprador** entrará de imediato em mora se se atrasar no pagamento de qualquer uma das prestações dentro do prazo acima estabelecido, devendo, neste caso, entregar a prestação em falta acrescida de mais 50% até ao vencimento da próxima prestação.

2. Se se encontrarem em falta prestações que excedam 1/8 do preço total, os **Vendedores** deverão estabelecer um limite máximo para o cumprimento das mesmas, acrescidos dos 50% acima referidos, informando o **Comprador** por carta registada com aviso de recepção desse novo prazo.

3. Se após o vencimento do novo prazo estabelecido o **Comprador** continuar em falta, o presente considera-se automaticamente resolvido.

4. Caso se verifique a situação prevista no número anterior, o **Comprador** deverá devolver, no prazo máximo de 48 horas, todas as máquinas objecto do presente contrato, sendo responsável pela sua entrega na residência dos **Vendedores** em perfeito estado de conservação.

O presente contrato rege-se, em tudo o que for omisso, pela lei portuguesa, nomeadamente por todas as disposições do Código Civil e demais legislação aplicável.

Feito e assinado em Lisboa, em ..... de .... de......, em dois exemplares iguais, entregues a cada uma das Partes.

Os Vendedores

_____

O Comprador

_____

Contrato de Promessa de Compra e Venda – traducido al español
Compra y acuerdo de venta con la reserva Propiedad de bienes muebles

ENTRE:

.... (Nombre), natural... y no contribuyente................................ natural, no contribuyente.. casado en régimen de comunidad adquirida que residen en.................................., ambos como los vendedores;

Y

.... (Nombre), solo, más grande, natural...

No contribuyente residente en.., en adelante denominado como

Comprador,

Que está acordado y aceptado en este contrato de venta, los siguientes términos y disposiciones:

Cláusula 1

Los vendedores son propietarios de un conjunto de máquinas para la hostelería, correctamente descritos e identificados en la lista adjunta como parte de este contrato.

Cláusula 2

Por este acuerdo, los vendedores venden al comprador, que a su vez les compra a ellos, libre de gravámenes, cargas o pasivo, la restauración de estas máquinas.

Cláusula 3

1. El precio de compra y venta es de €... (.... Euro), a pagar como sigue:

a) €.. (................. en euros) en la fecha de la ejecución de este contrato;

b) €.............................…....(.................................... de Euros), es decir, el resto será pagado en cuotas mensuales de €:....................... (................................. EUR) durante los próximos doce meses, es decir incluyendo el...

Cláusula 4

Esta venta se hace bajo reserva de propiedad a los vendedores hasta que el precio se encuentra totalmente pagado, a pesar de estas máquinas han sido entregadas al comprador en la fecha del presente documento.

Cláusula 5

Las cuotas mensuales contempladas en el artículo 3 b) deben ser entregadas por el quinto día hábil de cada mes en la residencia de los vendedores.

Cláusula 6

1. Las partes acuerdan que el comprador será inmediatamente en incumplimiento si hay retraso en el pago de cualquier pago fraccionado durante el periodo especificado arriba y en este caso entregando el beneficio incrementado de otro 50% a la falta de madurez de la próxima entrega.

2. Si faltan beneficios que excedan 1/8 del precio total, los vendedores deberán establecer un límite máximo para el cumplimiento de la misma, más el 50% por encima, informando al comprador por carta certificada con acuse de este nuevo término.

3. Si después de la expiración del plazo nuevo el comprador continúa incumpliendo, esto se considerará que hay que resolver automáticamente.

4. En el caso de la situación prevista en el párrafo anterior, el comprador deberá devolver, en 48 horas, todas las máquinas cubiertas por este contrato y es responsable de su entrega en la residencia de los vendedores en perfectas condiciones.

Este contrato se regirá en todo lo que no fue mencionado, bajo la ley portuguesa, en particular por las disposiciones del Código Civil y otras leyes aplicables.

Hecho   y   firmado   en......   el..
de... en dos copias idénticas, entregadas a cada parte.

Vendedores
_____

El comprador
_____

Casa Simples Casa Sergura

casasimples
casa**segura**

Perguntas & Respostas

1. O que é a "Casa Simples - Casa Segura"?

A "Casa Segura" consiste num **atendimento personalizado e altamente qualificado**, sem balcões, com boas instalações e adequada tecnologia de ponta, onde é possível realizar todas as operações relativas a contratos, nomeadamente à compra e venda de casa, com ou sem empréstimo, num único local: o cartório notarial.

O seu notário, que é um **jurista, profissional imparcial e com qualificação de excelência, está sempre presente na celebração de contratos, que são redigidos um a um, à medida dos seus interesses; o notário protege todas as partes envolvidas.**

Este procedimento "Casa Segura" foi desenvolvido pela Ordem dos Notários tendo em vista a **prestação de serviços cada vez mais eficientes aos cidadãos e às empresas.**

Consulte o sítio *http://www.notarios.pt*

Na "Casa Segura" é possível:

a) obter **conselho jurídico** desde o início da contratação (contrato-promessa), **imparcial** e em defesa de todos os intervenientes no negócio,

b) obter a caderneta predial gratuita,

c) obter uma certidão predial permanente gratuita,

d) obter uma certidão comercial permanente,

e) obter certidões do registo civil (de óbito, de casamento e de nascimento),

f) obter, em geral, todos os documentos necessários à formalização do contrato,

g) celebrar contratos,

h) realizar imediatamente todos os registos, com um desconto de 20% (via on line),

i) **pagar impostos e cumprir obrigações fiscais,** nomeadamente:

1 - o imposto do selo e o IMT,
    (e, com a sua senha das declarações electrónicas:)
2 - pedir a isenção de pagamento do Imposto Municipal sobre Imóveis (IMI),
3 - pedir a alteração da morada fiscal,
4 - apresentar a declaração Modelo 1 do IMI (inscrição ou a actualização de prédio urbano na matriz),
5 - apresentar a Modelo 1 do imposto de selo (IS) - relação de bens.

2. Onde funciona a Casa Segura?

Na **rede** de cartórios notariais, a **única com cobertura a nível nacional.**

3. Posso utilizar a Casa Segura para qualquer imóvel ou sociedade, em qualquer ponto do País?

Sim.

4. Para que tipo de negócios posso utilizar a Casa Segura?

Para todos (prédios, empresas e automóveis), nomeadamente:

a) Contratos-promessa;
b) Compra e venda, com ou sem empréstimo;
c) Divisões de coisa comum e permutas;
d) Empréstimos bancários e respectivas transferências;
e) Hipotecas;
f) Locações financeiras e respectivas cessões de posição contratual;
g) Testamentos, habilitações e partilhas por óbito e por divórcio;
h) Repúdios e renúncias de herança;
i) Constituições e renúncias ao direito de usufruto;
j) Doações;
k) Justificações;
l) Constituições e alterações de propriedade horizontal;
m) Constituições de direitos reais, como servidões ou direito de superfície;
n) Registo predial on line, com 20% de desconto;
o) Convenções antenupciais;
p) Arrendamentos, trespasses e locações de estabelecimentos comerciais e industriais;
q) Contratos de trabalho;
r) Constituições de sociedades de todos os tipos;

s) Alterações de pacto social, aumentos e reduções de capital;
t) Cessões de quotas e acções;
u) Fusões e cisões de sociedades;
v) Dissoluções e liquidações de sociedades;
w) Constituições de associações e fundações e respectivas alterações.
x) Registo comercial on line, com 50% de desconto;
y) Registo automóvel on line, com 50% de desconto.

5. Para que outro tipo de situações posso utilizar a Casa Segura?

a) **Para me certificar de que o vendedor tem todos os documentos em ordem;** o mediador imobiliário ou o técnico oficial de contas podem indicar-me um notário a quem recorrer antes de pagar qualquer sinal.

b) Para **ver certificados quaisquer factos que o notário presencie, os quais fazem prova plena de certos acontecimentos, até em tribunal; um certificado pode fazer a diferença, pode evitar um processo judicial ou torná-lo mais rápido.**

Exemplos:

- certificado dos bens que compõem o recheio de uma casa em determinada data,
- o que ficou depois de um assalto,
- o conteúdo de um cofre,
- o estado de uma obra,
- que uma casa tem humidades,

- que mudaram a fechadura da sua porta.

c)   Para **tratar de um caso transfronteiriço.**

Exemplos:

- habilitação de uma pessoa de nacionalidade francesa, com aplicação da lei francesa,
- partilha de bens de um cidadão russo que deixou bens em Portugal e em Espanha,
- alteração dos estatutos de uma sociedade italiana,
- cessão de uma quota de uma sociedade alemã,
- procuração para um belga vender bens localizados Malta.

Os notários de Portugal fazem parte da Rede Notarial Europeia (RNE), composta por um delegado sediado em cada um dos países da UE. Visite o sítio:

http://www.cnue-nouvelles.be/en/reseau-notarial-europeen-en/001/index.html

O **delegado da RNE em Portugal** é a notária

Professora Doutora Ana Luísa Balmori Padesca
Ordem dos Notários
Travessa da Trindade, 16-2oC
1200-469 Lisboa
Tel : +351-213468176
Fax : +351-213468178
E-mail : internacional@notarios.pt

A referida delgada portuguesa da RNE podem ser consultada por qualquer cidadão, entidade ou empresa sobre a lei portuguesa ou leis europeias; neste último caso, a delegada contacta com o delegado do país europeu em causa e transmite a informação assim obtida a quem a solicitou.

Só o documento feito por notário (autêntico) circula livremente em todos os países da EU.

6. Posso utilizar a Casa Segura para qualquer imóvel, independentemente da sua localização territorial?

Sim. O notário pode celebrar escrituras de quaisquer imóveis ou empresas, aqueles localizados, independentemente da localização do imóvel ou da sede da empresa.

7. Posso utilizar a Casa Segura se pedir um financiamento ao banco para a compra de casa? E se não pedir?

Posso utilizar em ambas as situações.

8. Quanto custa utilizar a Casa Segura? É mais barato que seguir o procedimento "normal"?

O notário é retribuído nos termos de tabela aprovada pelo Ministério da Justiça.

Os honorários do notário são calculados com base no custo efectivo do serviço prestado, tendo em consideração a natureza dos actos e a sua complexidade.

O notário deve proceder com moderação, tendo em vista, designadamente, o tempo gasto, a dificuldade do assunto, a importância do serviço prestado e o contexto sócioeconómico dos interessados.

O acompanhamento da contratação pelo notário permite que o utente escolha o caminho fiscalmente mais favorável, uma redução de custos com os registos predial, comercial e automóvel e poupar no processo de obtenção de documentos.

Nos custos finais, a Casa Segura é a única que lhe permite verdadeiramente poupar quantias avultadas, pelo que é muito mais barata do que a Casa Pronta das conservatórias ou qualquer outro balcão único.

9. Que vantagens tenho em utilizar a Casa Segura?

a) A Casa Segura é um procedimento realizado através de um notário, jurista altamente especializado, que presta conselho jurídico desde o início do processo, nomeadamente em colaboração com a instituição de crédito que intervenha no contrato, e aponta o caminho mais favorável ao utente, naquele caso concreto, nomeadamente em matéria fiscal.

b) notário é um profissional imparcial, que protege todas as partes envolvidas num negócio; só o notário é que faz escrituras: se o seu notário assinou, o seu contrato está garantido.

c) Todas as operações se fazem num único local, o cartório, evitando-se deslocações, filas, senhas e esperas; o sistema informático também é seguro e de capacidade adequada aos respectivos fins.

    i.   A Casa Segura permite fazer num único momento o contrato e o respectivo registo.

    ii.   O notário pode liquidar o imposto sobre as transmissões onerosas de imóveis (IMT), o imposto do selo (IS), e, a solicitação do utente e com a respectiva senha das declarações electrónicas, que o notário também pode solicitar, o notário pode ainda pedir a isenção de pagamento do Imposto Municipal sobre Imóveis (IMI), a alteração da morada fiscal, pode apresentar relações de bens (heranças – Modelo 1 do IS) e ainda a declaração Modelo 1 do IMI (inscrição ou a actualização de prédio urbano na matriz).

    iii.   Nesta última situação, não se torna necessário solicitar as plantas do imóvel à câmara municipal, porque é o notário que o faz e as envia ao serviço de finanças.

d) É um processo simplificado, com menos formalidades; deixa de ser necessário ir à conservatória, porque o negócio jurídico é celebrado perante o notário, que imediatamente procede à realização do registo. Deixa, ainda, de ser necessário:

i. Obter junto da conservatória do registo predial uma certidão do prédio antes de celebrar uma escritura pública, porque o notário requisita no início do processo uma certidão predial on line, permanentemente actualizada;

ii. Obter na conservatória do registo comercial, uma certidão de registo comercial- quando o interveniente seja uma pessoa colectiva -, porque o notário tem acesso à base de dados do registo comercial, em tempo real, com o código da respectiva certidão permanente;

iii. Obter na conservatória do registo civil certidões de óbito, casamento ou nascimento, porque o notário trata desse assunto directamente;

iv. Obter na repartição de finanças a caderneta predial, porque o notário tem acesso à base de dados das cadernetas prediais;

v. Obter na câmara municipal uma certidão da licença de habitação, porque o notário trata desse assunto directamente.

e) preço é mais barato.

O notário é retribuído nos termos de tabela aprovada pelo Ministério da Justiça.

Os honorários do notário são calculados com base no custo efectivo do serviço prestado, tendo em consideração a natureza dos actos e a sua complexidade.

O notário deve proceder com moderação, tendo em vista, designadamente, o tempo gasto, a dificuldade do assunto, a importância do serviço prestado e o contexto sócioeconómico d o s   i n t e r e s s a d o s .

O acompanhamento da contratação pelo notário permite que o utente escolha o caminho fiscalmente mais favorável, uma redução de custos com os registos predial, comercial e automóvel e poupar no processo de obtenção de documentos.

Nos custos finais, a Casa Segura é a única que lhe permite verdadeiramente poupar quantias avultadas, pelo que é muito mais barata do que a Casa Pronta das conservatórias ou qualquer outro balcão único.

f) Posso **proceder logo ao cumprimento de obrigações fiscais,** após a aquisição de um imóvel: apresentar o pedido de isenção do IMI, apresentar a declaração Modelo 1 do IMI (inscrição ou a actualização de prédio urbano na matriz), e apresentar o pedido de alteração da morada fiscal.

g) **Posso proceder logo ao cumprimento de obrigações fiscais**, após a habilitação de herdeiros: apresentar a Modelo 1 do imposto de selo (IS) - relação de bens.

10. Posso marcar um dia para ir ao notário celebrar o contrato?

Sim. Pode telefonar ou enviar um email para os contactos que   constam   em *http://www.notarios.pt/OrdemNotarios/PT/PesquisaNotarios/* ou marcar pessoalmente **junto de um qualquer cartório mais próximo de si.** O **banco que tratar do financiamento também pode fazer a marcação prévia por via electrónica.**

Também é possível utilizar a **Casa Segura sem realizar qualquer marcação prévia,** mas, mesmo nesse caso, não é imposto um modelo de contrato pré-aprovado.

11. O notário também trata do direito de preferência?

Sim. O vendedor deixa de ter de se relacionar com várias entidades públicas diferentes (por ex. o IGESPAR, I.P., municípios, etc.) para transmitir a informação necessária ao exercício do direito de preferência por várias vias diferentes e formas diferentes. **Basta contactar o notário.**

12. Na Casa Segura estou dispensado de ir ao IGESPAR, I.P. e/ou à câmara para saber se querem exercer o direito de preferência?

Sim. Estes actos passam a ser tratados pelo notário. Depois tem que esperar 10 dias úteis, que é o prazo que as entidades com direito legal de preferência têm para manifestar a intenção de exercer esse direito.

13. Que documentos devo levar para celebrar contratos na Casa Segura?

Os documentos de identificação e os cartões de contribuintes dos vendedores e dos Compradores, os respectivos regimes de bens, se casados, e as moradas. Sempre que o prédio tenha ficha técnica, é preciso levá-la.

Se tiver uma escritura pública de uma transacção anterior do mesmo imóvel onde esteja referida a existência de licença de utilização, ou a sua dispensa, devo levá-la.

Se, no meu caso, forem necessários outros documentos, serei informado disso pelo notário, pessoalmente, por email ou pelo telefone.

14. Preciso de ir à câmara municipal para obter uma certidão da licença de habitação e levá-la para a compra e venda na Casa Segura?

Não. O notário trata disso por si.

15. Tenho de pagar o IMT nas finanças antes de fazer a compra e venda através da Casa Segura?

Não. Pode ser feito no cartório.

16. Tenho de pagar antes nas finanças o imposto de selo para poder utilizar a Casa Segura?

Não. Pode ser feito no cartório.

17. Quando se celebra o contrato na Casa Segura quanto tempo demora a realização dos registos?

É imediata. Assinado o contrato, não tenho que me deslocar novamente à conservatoria para pedir os registos. **O notário requisita-os on line, com 20% de desconto.**

18. Se quiser mudar a minha morada fiscal para a nova casa que acabei de comprar na Casa Segura tenho de ir às finanças?

Não. Posso fazê-lo na Casa Segura.

19. Se quiser pedir dispensa de pagamento de IMI depois de comprar uma casa na Casa Segura tenho de ir às finanças?

Não. Posso fazê-lo no cartório.

20. Depois de comprar uma casa na Casa Segura tenho de ir à câmara recolher as plantas (telas finais) da casa para as entregar nas finanças?

Não. O notário assegura a recolha dessas plantas e o seu envio para as finanças. O interessado deixa em qualquer caso de ser onerado com essa obrigação.

21. Depois de comprar uma casa na Casa Segura tenho de ir às finanças pedir uma caderneta actualizada em meu nome?

Não. Logo que disponível na base de dados, o notário recolhe-a e envia-a gratuitamente por correio ou para o seu email.

22. Só a Casa Segura me dá segurança?

Sim. Nos sistemas que recorrem à contratação sem recurso a notário **um quarto das transacções resultam de falsas declarações, de hipotecas falsas e de bens inexistentes (de acordo com as estatísticas do FBI, de Janeiro de 2009).**

É este o sistema que o actual executivo quer adoptar em Portugal. Será que o quer para si?

**SÓ SE O SEU NOTÁRIO ASSINOU
É QUE O SEU DIREITO ESTÁ GARANTIDO.**

Casa Simples Casa Segura – Casa Simple, Casa Segura - traducido al español

casasimples
casa**segura**

Preguntas y respuestas

1. ¿Qué es "Casa Simples – Casa Segura"?

"Casa Segura" consiste en un servicio altamente calificado y personalizado, sin restricciones, con buenas instalaciones y tecnología de vanguardia adecuada donde es posible realizar todas las operaciones sobre contratos concretamente la compra y venta de casas con o sin un préstamo, en un solo punto: el notario público.

Su notario, un jurista profesional e imparcial con excelente calificación, estará presente en la celebración de los contratos, que son escritos y adaptados a sus intereses: el notario protege a todas las partes involucradas.

Este procedimiento "Casa Segura" fue desarrollado por el notario del código civil con intentando mejorar los servicios para los ciudadanos y las empresas.

Consulte el sitio web *http://www.notarios.pt*

Con "Casa Segura" es posible:

a) recibir asesoramiento jurídico imparcial desde el inicio del contrato (contrato de promesa), defendiendo a todas las partes involucradas en el negocio,

b) recibir gratuitamente la descripción Legal, recibir gratuitamente un certificado de registro de propiedad permanente, recibir un certificado comercial permanente, obtener un certificado de registro civil (nacimiento, muerte y matrimonio), obtener, en general, todos los documentos necesarios para la formalización del contrato, celebrar contratos, realizar inmediatamente todos los registros, con 20% de descuento (online), pagar los impuestos y cumplir con obligaciones fiscales concretamente:

> -impuesto sobre transmisión de fincas e impuestos sobre el patrimonio (con contraseña de las declaraciones electrónicas)

> -solicitar la exención del pago del impuesto sobre el patrimonio,

> -Preguntar por alteración de la dirección de impuestos,

> -Mostrar la declaración del modelo 1 de impuestos sobre el patrimonio (suscripción o actualización de la construcción urbana en matriz)

> -presentar el modelo 1 de impuesto sobre transmisión de fincas – los bienes

2. ¿Dónde funciona "Casa Segura"?

Opera en notarias de ley civil, las únicas con cobertura nacional.

3. ¿Puedo usar "Casa Segura" en cualquier oficina o sociedad en cualquier parte del país?

Sí.

4. ¿Para qué tipo de negocio puedo utilizar "Casa Segura"

Para todos (edificios, empresas, coches), concretamente:

a) Contratos de promesa;

b) Compra y venta, con o sin préstamo;

c) División e intercambio de cosas comunes;

d) Préstamos bancarios y transferencias;

e) Hipotecas;

f) Arrendamientos financieros y las respectivas asignaciones de su posición contractual;

g) Testamentos, títulos y acciones por defunción y matrimonio;

h) Renuncia de herencias;

i) Constituciones y renuncie al derecho de usufructo;

j) Donaciones;

k) Justificaciones;

l) Constituciones y alteración de la propiedad horizontal;

m) Constituciones de derechos reales como servidumbres y superficie;

n) Registro online de la tierra con 20% de descuento;

o) Acuerdos prenupciales;

p) Alquileres, buenas voluntades, arrendamientos de establecimientos comerciales e industriales;

q) Contrato de trabajo;

r) Constituciones de sociedades de todo tipo;

s) Cambio de pacto social, aumentos y disminuciones de capital;

t) Cesión de cuotas y stocks;

u) Las fusiones y escisiones corporativas;

v) Disolución y liquidación de sociedades;

w) Asociaciones y fundaciones constituciones y enmiendas;

x) Registro Mercantil online con 50% de descuento;

y) Registro de automóvil online con 50% de descuento.

5. ¿Para qué tipos de situaciones puedo utilizar "Casa Segura"?

Para asegurarme de que el vendedor tiene todos los documentos en orden; el agente inmobiliario o auditor registrado puede nombrar un notario para asegurar que todo esté en orden antes de pagar.

Para ver los certificados de cualquier hecho el notario da testimonio, que son pruebas de ciertos acontecimientos, hasta que llega a la corte; un certificado puede hacer la diferencia, evitar una demanda o hacerlo más rápido.

Ejemplos:

El certificado de bienes que componen los efectos familiares, lo que quedó después de un asalto, el contenido de una caja de seguridad, el estado de una obra, que una casa tiene humedades, que la cerradura de la casa fue cambiada.

c) para el tratamiento de un caso de la frontera.

Ejemplos:

Las calificaciones de una persona con nacionalidad francesa con aplicación de la ley francesa, compartiendo bienes de un ciudadano ruso que exporta bienes en Portugal y en España, estatuto de cambio de una sociedad italiana, la cesión de una cuota de la sociedad alemana, proxy para un belga vendedor de mercancías situadas en Malta.

Los notarios de Portugal forman parte de la Europa Notarial, compuesta por un delegado en cada país de UE. Visite el sitio web: *http://www.cnue-nouvelles.be/en/reseau-notarial-europeen-en/001/index.html*

El delegado de la Europa Notarial en Portugal es el notario:

Profesor doctor Ana Luísa Balmori Padesca
Notario de derecho civil
Travessa da Trindade, 16-2oC
Lisboa 1200-469
Tel: + 351-213468176
Fax: + 351-213468178
Correo electrónico: internacional@notarios.pt

El delegado portugués mencionado de la Europa Notarial puede ser consultado por todo ciudadano, entidad o empresa bajo la ley portuguesa o las leyes europeas; en este caso el delegado entra en contacto con el delegado de cada país europeo y transmite los datos obtenidos de la persona que solicitó.

Sólo el documento auténtico hecho por el notario va a circular libremente en todos los países de la UE.

6. ¿Puedo usar la "Casa Segura" a cualquier oficina, independientemente de su localización?

Sí. El notario puede finalizar legalidad por bienes inmuebles o empresas, independientemente de la localización de la oficina y sede de las empresas.

7. ¿Puedo usar "Casa Segura" si pido un préstamo bancario para comprar la casa? ¿Y si no lo hago?

Puedo utilizarlo en ambas situaciones.

8. ¿Cuánto cuesta utilizar "Casa Segura"? ¿Es más barato que el procedimiento normal?

El notario es recompensado en los términos de la carta aprobados por el Ministerio de justicia.

Los honorarios del notario se calculan basándose en el costo del servicio proporcionado, teniendo en cuenta la naturaleza de los actos y su complejidad.

El notario debe proceder con moderación, teniendo en cuenta el tiempo, la dificultad del tema, la importancia del tema y el contexto socioeconómico de las partes implicadas.

La vigilancia de la contratación por los permisos del notario al usuario elegidos del camino fiscal más favorable, reducciones de costos con la tierra, del automóvil y registro mercantil en esta forma de ahorro en el proceso de obtención de los documentos.

En los costos finales, "Casa Segura" es la única que permite ahorrar una cantidad considerable, más barata que la "Casa Pronta" de registro o cualquier otro cargo.

9. ¿Qué ventajas tengo usando "Casa Segura"?

"Casa Segura" es un procedimiento que se realiza a través de un notario, un jurista altamente especializado que proporciona asesoramiento jurídico desde el comienzo del proceso, concretamente en colaboración con la entidad de crédito que interviene en el contrato y los puntos de la manera más fácil para el usuario en ese caso específico, hablando de materia fiscal.

El notario es un profesional imparcial que protege todas las partes involucradas en el negocio; Sólo el notario hace las escrituras: Si su notario ha firmado, su contrato está garantizado.

Todas las operaciones se realizan en un solo lugar - el registro – y de esta manera se evitan luxaciones, colas, contraseñas y esperas; el sistema informático es seguro y con suficiente capacidad para los respectivos fines.

La "Casa Segura" permite hacer en un solo momento el contrato y el registro respectivo.

El notario puede liquidar los impuestos a la propiedad, el impuesto de transmisión de fincas y la solicitud de usuario con la contraseña respectiva de las declaraciones electrónicas, que también puede solicitar el notario: el notario puede pedir incluso exención del pago de impuestos de la propiedad Municipal, cambiar la dirección fiscal, presentar a las mercancías de las relaciones (herencias - 1 modelo de actos jurídicos documentados) e incluso los impuestos de declaración 1 modelo de propiedad Municipal (suscripción o actualización de la construcción urbana de la matriz).

En la última situación, no es necesaria la petición de la propiedad de las plantas en el Ayuntamiento, porque el notario es el único que lo hace y los envía al servicio de las finanzas.

Es un proceso sencillo con menos trámites; No es necesario ir al registro porque se celebra el negocio jurídico ante el notario que precede inmediatamente el registro.

Ya no es necesario:

Obtener en el registro de la propiedad del edificio certificado antes de celebrar una escritura pública porque las peticiones de notario son en el inicio del proceso de un edificio actualizado del certificado en línea;

Obtener en el registro mercantil un certificado comercial - cuando la intervención es de una persona colectiva - porque el notario tiene acceso a la base de datos del registro mercantil permanente en tiempo real con el código correspondiente.

Obtener en el registro de registros vitales muerte, matrimonio o certificados de nacimiento porque el notario trata ese asunto directamente.

Obtener en el Departamento de impuesto de renta el libro del edificio porque el notario tiene acceso a la base de datos de construcción de libros;

Obtener en el Ayuntamiento un certificado de licencia de vivienda porque el notario se encarga directamente de ese asunto.

El precio es más barato.

El notario es recompensado en los términos de la carta aprobados por el Ministerio de justicia.

Honorarios del notario se calculan basándose en el costo del servicio proporcionado teniendo en cuenta la naturaleza de los actos y su complejidad.

El notario debe proceder con moderación, teniendo en cuenta el tiempo, la dificultad del tema y la importancia del tema y el contexto socioeconómico de las partes interesadas.

La vigilancia de la contratación por los permisos de notario al usuario elegidos del camino fiscal más favorable, reducciones de costos con la tierra, del automóvil y registro mercantil esta forma de ahorro en el proceso de obtención de los documentos.

En los costos finales, "Casa Segura" es la única que le permitirá ahorrar teniendo en cuenta la cantidad que es más barata que la "Casa Pronta" de registro o cualquier otra área.

Puede proceder inmediatamente con el cumplimiento de las obligaciones fiscales tras la adquisición de un inmóvil: presentar la solicitud de exención de impuestos sobre la propiedad del municipio, presentar la declaración modelo 1 de impuestos a la propiedad Municipal (suscripción o actualización de la construcción urbana de la matriz) y Mostrar la solicitud para cambiar la dirección de impuestos.

Puedo proceder inmediatamente con el cumplimiento de las obligaciones fiscales después de la calificación de herederos: Mostrar modelo 1 de actos jurídicos documentados – relación de bienes.

10. ¿Puedo pedir una cita cualquier día para ir al notario para celebrar el contrato?

Sí. Puede llamar o enviar un correo electrónico para los contratos incluidos en *http://www.notarios.pt/OrdemNotarios/PT/PesquisaNotarios/* o pedir una cita en persona en la oficina de registro más cercana. El banco que se encargará del préstamo también puede pedir una cita electrónicamente. También es posible utilizar "Casa Segura" sin pedir cita previa, pero en ese caso no se ha impuesto un contrato previamente aprobado.

11. ¿El notario también se encarga de los derechos de retracto?

Sí. El vendedor no tiene necesidad de conectar con varias entidades públicas (municipios, IGESPAR, etc.) para transmitir la información necesaria y para ejercer los derechos de retracto a través de muchas maneras y formas. Solamente contacte con el notario.

12. ¿En "Casa Segura" estoy aliviado de ir a IGESPAR, I.P o Ayuntamiento para saber si quieren cumplir con los derechos de retracto?

Sí. Estos actos pueden ser atendidos por el notario. Entonces Usted tiene un plazo de 10 días para manifestar el derecho de preferencia.

13. ¿Qué documentos debo llevar para celebrar los contratos de "Casa Segura"?

Documentos de identificación, cartas de los contribuyentes, los vendedores y compradores, sus esquemas de las mercancías, si están casados y direcciones. Si el edificio dispone de hoja de datos, tienes que llevarlos.

Si usted tiene una escritura de una transacción anterior de la misma propiedad donde se menciona la existencia de una licencia, o su descarga, tienes que llevarlo. Si, en su caso, otros documentos son requeridos, será informado de ello por el notario en persona, por correo electrónico o por teléfono.

14. ¿Necesito ir al Ayuntamiento para obtener un certificado de una licencia de vivienda y llevarlo a compra y venta en "Casa Segura"?

No. El notario se encarga de ello por usted.

15. ¿Tengo que pagar impuestos de propiedad Municipal en las finanzas antes de compra y venta a través de "Casa Segura"?

No. No puede hacerse en la oficina.

16. ¿Tengo que pagar antes en las finanzas el impuesto de transmisión de fincas para usar "Casa Segura"?

No. Se puede realizar en la oficina de registro.

17. Cuando el contrato se celebra en "Casa Segura" ¿Cuánto tiempo llevan los registros?

Es inmediato. Cuando se firme el contrato, no necesita volver de nuevo al registro para solicitar los registros. El notario los pide en línea, con 20% de descuento.

18. Si quiero cambiar mi dirección fiscal a la nueva casa que compré en "Casa Segura" ¿tengo que ir a las finanzas?

No. Puedes hacerlo en "Casa Segura".

19. Si quiero solicitar la exención del pago de impuestos municipales a la propiedad después de comprar la casa en "Casa Segura" ¿tengo que ir a las finanzas?

No. Puedes hacerlo en la oficina de registro.

20. Después de comprar una casa con "Casa Segura" ¿tengo que ir al Ayuntamiento a recoger los planos del edificio para entregarlos a las finanzas?

No. El notario se asegura de recoger esos planos y de su envío a las finanzas. El interesado no está obligado con respecto a ese tema.

21. Después de comprar una casa con "Casa Segura" ¿tengo que ir a las finanzas para pedir folleto actualizado en mi nombre?

No. Tan pronto como se encuentre disponible en la base de datos, el notario lo recoge y envía gratuitamente por correo o a su correo electrónico.

22. Sólo "Casa Segura" me da seguridad.

Sí. Los sistemas que recurren a la contratación sin un notario, una cuarta parte de las transacciones terminan en declaraciones falsas, falsas hipotecas y bienes inexistentes (según las estadísticas del FBI, de enero de 2009)

Este es el sistema que el actual ejecutivo quiere adoptar en Portugal. ¿Lo quieres para Ud. también?

SI TU NOTARIO HA FIRMADO ESTÁ GARANTIZADO SU DERECHO.

PASO 7

REPRESENTACIÓN LEGAL

*Cuando haya decidido que desea hacer una oferta
por una propiedad, antes de presentar la oferta, asegúrese de
encontrar un abogado (en Portugués es un
Advogado por un hombre y una Advogada para una mujer).*

Para la representación legal en Portugal, lo mejor es utilizar un advogado si usted no está plenamente consciente de los procesos, no habla portugués o no tiene nadie para que lo represente en Portugal. En Australia, América y el Reino Unido, esto es igual a los servicios de un bufete, abogado o abogado postulante.

Un advogado es legalmente responsable de todos los consejos que le den a usted con respecto a la compra de una propiedad y todas sus acciones relativas a la compra de su propiedad.

Los honorarios del advogado están regulados por la **Ordem dos Advogados** y usted puede investigar más a través de ellos si es necesario.

Su advogado va a instruirle y asistirle para aceptar los términos de un contrato en la compra de una propiedad y puede estructurar un contrato con términos del comprador. Usted puede hacer un contrato con respecto a un pago singular o múltiples estructuras de pago, sin la ayuda o el uso de un banco.

Por ejemplo, en el momento de la compra de mi propiedad de Figueira da Foz no tenía la cantidad total en efectivo en la oferta que le hice al propietario. Mi advogado fue capaz de estructurar mi contrato así que pagué tres pagos separados; los dos primeros pagos eran 20.000 € cada una y el tercer pago fue 25.000 €, pagados por un período de seis meses.

Durante ese período de seis meses, tuve la oportunidad de obtener el dinero mucho más rápido de lo que esperaba y fue capaz de resolver dentro de tres meses en lugar de seis meses.

No usé un banco en absoluto para la adquisición de mi propiedad y tampoco, para su información, ningún banco en Australia (que era capaz de encontrar en el momento) me prestaba dinero para comprar una propiedad en el extranjero.

Refiriéndose a mi contrato, como tuve que regresar a casa a Australia para trabajar antes de que el contrato fuese firmado, yo firmé los documentos "Poder" para que mi advogado actuase en mi nombre, entonces el advogado firmó por mí, una vez que el propietario había firmado los papeles aceptando mi oferta.

Como la propietaria en ese momento vivía en Luxemburgo, le tomó un tiempo completar la firma de los contratos que ella también tenía que firmar por alguien en Portugal para actuar en su nombre; en este caso fue el dueño de la inmobiliaria a quien había comprado la propiedad.

Sitio web y directorio de direcciones para todos Adgovados en Portugal;

https://www.oa.pt/CD/Servicos/PesqAdvogados/pesquisa_a dv. aspx?sidc=31634&idc=5&idsc=31897

PASO 8

NÚMERO FISCAL

Número de Contribuyente

La mayoría de los portugueses ya tendrán un número de registro Fiscal; los extranjeros o no residentes tendrán que obtener uno.

Un Número Fiscal (también conocido como un **Número Fiscal de Contribuyente**) se obtiene de la oficina de impuestos locales. Encontré que era más fácil de solicitar por mí en la oficina local de la zona donde compré mi propiedad.

La oficina en Figueira da Foz fue muy amable en ayudarme a obtener un Número Fiscal; también tuve la ayuda y orientación de mi abogado, y en ese momento no me costó nada.

El Número Fiscal se usa en todos los documentos relativos a la compra de una propiedad y el pago de las tasas al Consejo local (también conocida como la **Camara** en Portugués).

Si Usted está comprando una propiedad como socios (dos o más) o como una pareja casada, cada persona necesita a obtener un Número Fiscal individual o el Departamento de impuestos no aceptará el deber de los impuestos, tasas o el impuesto de transferencia de la propiedad.

Usted no puede obtener un Número Fiscal online; necesita ir en persona a la oficina para hacer esto, ya que necesitan revisar físicamente su identificación. Sin embargo, esto puede hacerse por su representante, como tu abogado, quien, a su vez, será responsable por la información dada a las Financas.

Los documentos que necesita mostrar para solicitar un Número Fiscal será cualquier identificación con foto, como licencia de conducir, pasaporte o DNI.

Una vez que usted ha proporcionado estos, se le presentará con una copia de impresa de su Número Fiscal. Entonces puede registrarse en línea en:

https://www.portaldasfinancas.gov.pt/pt/home.Action

En un par de días recibirá una contraseña para que usted pueda comprobar su declaración de impuestos online. Una tarjeta con su Número Fiscal debería serle enviada en 7-14 días. Puede utilizar la dirección postal de su abogado para esto si no dispone de una dirección de residencia en Portugal.

Para cualquier otra información que pueda necesitar o esté interesado, puede ir online a la siguiente dirección web de Financas, que explica la fiscalidad de los portugueses en Inglés:

http://info.portaldasfinancas.gov.pt/pt/docs/Conteudos_1pagi na/ NEWS_Portuguese_Tax_System.htm

En Portugal, los extranjeros podrían ser aconsejados que necesitan un Representante Fiscal para obtener un Número Fiscal, por un coste aproximado de 250 €. Esto no es cierto; No hay cuotas ni cargos aplicados en la obtención de un Número Fiscal.

Su abogado o agente inmobiliario le puede ayudar con esto. Usted necesitará aportar, si es extranjero, el número fiscal de su país **(documentado desde su país de residencia; por ejemplo, su declaración de impuestos de los últimos**

tres años y sus nóminas, donde aparezca su número fiscal, de los últimos tres meses).

Numero de Identificacao Fiscal –
Pessoa Singular – Ficha de Inscricao

Formulario de solicitud de número de identificación fiscal, persona individual – Traducción al Español de los correspondientes números

1. Nombre
2. Residente
3. Número de residencia
   1. calle
   2. número
   3. piso
   4. localidad
   5. condado
   6. parroquia
   7. código postal
   8. Padres
   9. región/territorio
   10. teléfono
   11. correo electrónico
4. Lugar de nacimiento
   1. Condado
   2. Parroquia
   3. Padres

5. Nacionalidad
   1. Portugués
   2. otro
6. Fecha de nacimiento
7. Sexo
   1. Mujer
   2. Hombre
8. Documentos Identificativos
   1. Etiqueta Identificativa
   2. certificado de nacimiento
   3. pasaporte
   4. otro
9. identificación del representante
   1. número fiscal
   2. nombre
   3. firma del representante
10. firma y detalles de los oficiales del servicio Financas

Donde el original es para ambos para el solicitante y el representante, para declarar que todo lo expuesto es cierto y correcto, y ambas personas firman la declaración

Instrucoes Para o Preenchimento

O preenchimento da presente ficha destina-se à inscriçäo, para atribuiçâo do número de identificaçâo fiscal de pessoa singular, a que se encontrarn obrigadas nomeadamente todas as pessoas singulares com rendimentos sujeitos a imposto. ainda que dele isentos.

- Preencher esta ficha de acordo com os dados constantes do DOCUMENTO DE IDENTIFICAÇÄO (BILHETE DE IDENTIDADE, CÉDULA PESSOAL, PASSAPORTE OU OUTRO) E USANDO LETRAS MAIÚSCULAS (A, B, C, ... Z).

- Para os residentes todos os campos, excepto 3.9, 3.10, 3.11 e quadro 9, são de preenchimento obrigatório.

- Pode ser entregue em qualquer Serviço de Finanças ou Serviço de Apoio ao Contribuinte.

QUADRO 3   - Como domicilio fiscal entende-se o local da residência habitual (n° 1 do art° 19° da L.G.T). Tratando-se de não residente deve ser indicada a morada no país da residência. considerando-se, todavia domiciliado na residéncia do representante.

No campo 3.9 deve ser ainda mencionada a região ou território, se constar da lista aprovada pela Portaria no. 1272/2001, de 9 de Novembro.

QUADRO 4 - Se nasceu no estrangeiro. indique somente o país. Se nasceu em Portugal preencha apenas o concelho e freguesia.

QUADRO 9 - Este quadro destina-se a designar, nos termos do art.° 130° do CIRS, urna pessoa singular ou colectiva com residência em Portugal para o representar perante a Direcção-Geral dos Impostos.

NOTE BEM - O DUPLICADO desta ficha fica em poder do contribuinte que o utilizará como prova da sua entrega.

- A gestão do processamento de dados compete à Direcção de Serviços de Cadastro da DGCI - Apartado 8143- 1802 -001 LISBOA

- Todos os dados destinam-se a recolha informática, com excepção dos averbados no quadro 8 (Documento de Identificação)

Instrucoes Para o Preenchimento –
Instrucciones para cumplimentar la solicitud de
Número de identificación fiscal - traducido al Español

El número de identificación fiscal (NIF) es el número de identificación fiscal de los contribuyentes individuales en Portugal, asignado por el Director General de los impuestos y contribuciones.

Es una tarjeta que identifica al ciudadano contribuyente ante la administración tributaria.

Los ciudadanos pueden adquirir el formulario de solicitud para la tarjeta a través del Portal de finanzas o en las oficinas del ciudadano de la DGCI.

La solicitud es gratuita y el NIF se asignará inmediatamente después de la presentación de la prueba identificativa.

Cualquier ciudadano portugués, miembro de la comunidad o extranjero puede requerir el NIF, los cuales residan o trabajen en Portugal.

Si Usted no es residente, debe designar un representante fiscal. Tiene que solicitar el documento en DGCI, llevar con Usted una identificación válida (pasaporte o documento de identificación civil) y cumplimentar los formularios apropiados.

El NIF también puede ser solicitado por un representante fiscal mediante la presentación de un documento de poder con este fín y un documento identificativo, debidamente verificado por la parte representada.

Después de que se hayan presentado los documentos y la identificación verificada, se le dará un NIF y la tarjeta del NIF le será entregada con la confirmación de la inscripción a la dirección indicada o a la persona designada, a quien usted haya dado poder de representante legal.

PASO 9

PODER NOTARIAL

*Las responsabilidades legales de u propiedad
que su abogado garantizará que se cumplan.*

Si usted es portugués y está trabajando o viajando en el extranjero durante más de 3 meses, por favor asegúrese de dar poder notarial sobre su propiedad a un abogado o a alguien en quien puede confiar, para asegurar que se cumplan todas las obligaciones legales mientras no esté en el país.

Si usted es extranjero no residente en Portugal, tendrá que asegurarse dar a su abogado poder notarial sobre su propiedad.

Esto básicamente significa que él/ella se asegurará de que se cumplan todas sus responsabilidades legales sobre la propiedad. Por ejemplo, su abogado contactará con usted solicitando que envíe dinero para pagar sus tarifas a la Cámara, sus facturas de agua y electricidad, etc.

Tu abogado se encargará de todo lo relacionado con su propiedad y le informará de todas sus obligaciones sobre la propiedad, ayudándole en el cumplimiento.

Asegúrese que resume las responsabilidades que espera su abogado se haga cargo. No le dé todos los poderes (por ejemplo para vender su propiedad, a menos que usted la está vendiendo), sólo el poder de actuar en su nombre en relación con los costes de mantenimiento de su propiedad (por ejemplo, agua, electricidad, gas, tarifas y seguros).

Lo mismo se aplica si usted tiene un miembro familiar o amigo actuando en su nombre en su ausencia, con respecto a las responsabilidades sobre su propiedad.

Una alternativa es establecer un sistema de débito directo con su banco para pagar todas las responsabilidades financieras de su propiedad automáticamente; por lo tanto, no tienes que confiar en nadie, excepto quizá para que alguien pase y compruebe si su propiedad está en buenas condiciones mientras no está en Portugal.

PASO 10

NOTARIO

*Tercera parte involucrando ambas partes en
el contrato de venta a cumplir las condiciones y términos
establecidos.*

Aquí es donde el vendedor y el comprador ya están de acuerdo en un contrato de compra-venta y el notario es la parte tercera que firma el contrato y que une a las dos primeras partes del acuerdo.

Los honorarios son unos 30 € aproximadamente para firmar el contrato.

Para registrar el contrato el coste es de aproximadamente 289 €.

Lista de algunos documentos necesarios para comprar o vender una propiedad en Portugal:

1. Documentos de identificación del vendedor y del comprador o pasaportes (originales)

2. Certificado comercial, representante ID, Pacto de la sociedad (empresas)

3. Número fiscal (número fiscal, consulte la página 113)

4. Poder notarial e identificación del Procurador en caso de utilización de un procurador (un procurador es una persona, diputado o agente, que maneja los asuntos de otros)

5. Actual Tierra Carnet o Certificado del contenido del artículo

6. Certificado de descripciones de contenido y registros en efecto (o código de acceso)

7. Licencia de uso en caso de inmuebles urbanos, o certificado demostrando que su presentación se dispensa porque fue construido antes de 07 de agosto de 1951

8. Demostrando pago guía del Impuesto de Transmisiones de inmuebles y Tasas Municipales (IMT)

9. Descripción técnica de la propiedad (edificios después de 2004)

10. Certificado energético (esto le será proporcionado a usted por el agente inmobiliario o vendedor de la propiedad)

 # (1) en el momento de escribir este libro, toda la información es real y correcta.

PASO 11

GRAVÁMENES E HIPOTECAS EN LA PROPIEDAD

Su abogado comprobará la propiedad respecto a cualquier gravamen o hipotecas (primeras y segundas hipotecas sobre la propiedad) de forma que no haya restricciones legales sobre la propiedad.

Alternativamente, puede hacerlo usted mismo a través de los departamentos que se enumeran en la subasta del gobierno en el paso 4; Consulte la página 15.

Por ejemplo; mi propiedad en Figueira da Foz tenía uno (1) derecho de retención, una primera hipoteca y una segunda hipoteca sobre la propiedad; las tasas de interés sobre el dinero pendiente que la propietaria tenía frente a la propiedad se estaban llevando cualquier beneficio que ella podría sacarle.

Tal como estaba, una vez que mi abogado había pagado las hipotecas y el gravamen (al parecer el dueño debía el agente inmobiliario 5.000 € más o menos) el propietario sólo terminó recibiendo alrededor de 5.000 €.

Esto fue muy triste en cualquier caso; la mayoría del dinero de la venta de la propiedad tuvo que pagar intereses y pagos atrasados, ella llevaba con retraso los pagos de su préstamo.

Mi abogado se aseguró que todo el dinero que había pagado fuese directamente a las hipotecas y el gravamen, antes de dar el resto a la agente inmobiliario y al antiguo dueño.

También se aseguraron que no hubiese otros préstamos que fueran dados sobre mi propiedad antes de que fuese escriturada a mi nombre, registrándome como el legítimo propietario.

PASO 12

CAMBIO DE MONEDA EXTRANJERA

*¿Cómo enviar su dinero
al extranjero a otro país?*

Transferir cualquier cantidad de dinero al extranjero puede ser bastante desmoralizante para la mayoría de la gente. Cuando compré mi propiedad en Portugal, hice a una transferencia internacional a través de mi banco australiano, pensando que era el método mejor. Desde entonces he aprendido que no es el caso.

He perdido miles de dólares por usar mi banco australiano para transferir dinero al extranjero por la tasa de conversión del Banco de AUD (dólar australiano) a Euros.

Desde entonces, he investigado muchas maneras de obtener el mejor valor que pude en la conversión de AUD a Euros.

El mejor el cambio de divisas que he encontrado fue (FC Exchange). Me costó una cuota de $20.00 AUD de mi banco para enviar mi dinero en dólares australianos para el FC Exchange, donde a su vez se convierten a Euros.

El FC Exchange entonces convertido mi moneda a una tasa mucho mejor que la que mi banco me había dado. A veces, he ahorrado por lo menos $500 AUD utilizando FC Exchange en lugar de mi banco.

La primera vez que transferí mi dinero a través del FC Exchange estaba muy preocupada de que fuesen a robar mi dinero y no verlo de nuevo. Ahora me rio de mí misma cada vez que envío dinero.

El FC Exchange cobra AUD $15 por convertir el dinero y enviarlo a la cuenta bancaria indicada. Normalmente tarda entre 3 y 5 días en transferir el dinero al FC Exchange en el Reino Unido (UK) y luego se transfieren el dinero a la cuenta bancaria indicada. Normalmente, una vez que el FC Exchange ha recibido mi dinero, lo transfieren el mismo día.

En los últimos 12-18 meses he transferido casi AUD $100.000 a Portugal y nunca he tenido un problema con el FC Exchange.

Información sobre la compañía de intercambio de moneda extranjera;

Dirección: FC Exchange | piso 10 | 88 Wood Street | Londres | EC2V 7RS

Teléfonos de contacto:

T: +44 (0) 20 7989 0000

Fax: + 44 (0) 20 7989 9999

Sitio web: *www.fcexchange.co.uk*

FC Exchange es una marca comercial de Foreing Currency Exchange Limited.

Foreing Currency Exchange Limited es una sociedad limitada registrada en Inglaterra y Gales.

Dirección: 88 Wood Street, 10th Floor, Londres, EC2V 7RS.

Número: 5452483.

Foreing Currency Exchange Limited está autorizada por la autoridad de servicios financieros (Nº 511266) bajo los servicios de pago regulaciones 2009 para la prestación de servicios de pago.

H M Customs & Excise MLR No.12215508.

Por favor tenga en cuenta que Foreing Currency Exchange Limited puede monitorear datos de tráfico de correo electrónico y también el contenido del correo electrónico con fines de seguridad y formación del personal.

Que necesita reenviar a FC Exchange para registrarse como cliente;

- Nóminas – copias de las 10 últimas nóminas
- Extractos de cuenta bancaria – De los últimos 3 meses
- Pasaporte – Copia
- Carné de conducir – Copia

Una vez que la Foreing Currency ha recibido toda esta información, recibirá un correo electrónico parecido a esto;

* * *

Querida señorita/señora/señor___,

Me complace mucho a confirmar que su cuenta de intercambio con **Foreing Currency Excahnge** ha sido **abierta**. Para poder **Activar** su cuenta, las normas anti blanqueo de dinero dictan que debemos recibir identificación fotográfica (por ejemplo una copia de la página de fotos de pasaporte o carné de conducir) y una prueba de dirección física (por ejemplo factura de servicios públicos –*excluyendo las cuentas de internet*, o un extracto bancario que es no tenga más de 3 meses). Por favor envíe su documentación por correo   o   por   correo   electrónico   a *info@fcexchange.co.uk*

Es un placer darle la bienvenida como cliente confirmando sus datos de referencia de cuenta:

Código de referencia de cliente: Su agente FCE:

Foreing Currency Excahnge son apasionados por dar a sus clientes unos precios competitivos y nuestro equipo de agentes dedicados tomará el tiempo para entender las necesidades de sus divisas.

Ahora usted es apto para comprar su moneda. Recuerde que su agente no puede garantizar una tasa de cambio sin su instrucción. Una vez que éste haya recibido un contrato confirmando el cambio, será emitido inmediatamente vía correo electrónico, fax o correo postal. Es importante recordar que su moneda es comprada en un mercado vivo, no puede ser alterada o cancelada y debe ser resuelta conforme a las condiciones del contrato correspondiente.

Se le pedirá, para fijar los cambios, transferir fondos a la cuenta de cliente de FC Exchange, cuyos detalles pueden encontrarse en el contrato debajo. Usted también puede transferir fondos antes de ejecutar un cambio y ejecutarlo.

Cuando usted elija. Fije incluya su referencia de cliente único al transferir fondos a **Foreing Currency Exchange, ya que esto** nos permite identificar rápidamente su dinero. Por favor, también indíquenos si usted decide enviar desde una cuenta bancaria distinta a la que está a su nombre, ya que esto nos permite transferir más rápidamente y evitar demoras.

Nombre de cuenta:	**FC Exchange AUD cuenta de cliente**
Banco:	**Barclays Bank**
Rama:	**93 Baker Street London W1A 4SD**
Cuenta no:	**GB46 BARC 2006 0558 0373 33**
SWIFT:	**BARCGB22**
Referencia:	**Número de referencia de su cliente.**

Por favor, indique a su banco lo siguiente:

"No convertir moneda"

Esto puede incluirse en la referencia o el campo de instrucción especial del pago

Tenga en cuenta que los detalles de la cuenta proporcionada son específicamente para pagos en **AUD**, si usted necesita información de una cuenta con otro tipo de divisa, póngase en contacto con nosotros en **0800 783 4313** o **+ 44 (0) 207 989 0000**. El importe indicado en la confirmación es la cantidad que Foreing Currency Exchange habrá enviado. Algunos bancos pueden gravar un pequeño cargo durante el envío recepción o enrutamiento, si esto sucede, por favor, consúltelo con su banco y use nuestra confirmación como prueba de trasmisión de fondos.

Suyo atentamente,
Jefe de cumplimiento

FC Exchange | 10 ° piso | 88 Wood Street | London | EC2V 7RS
T: +44 (0) 20 7989 0000 | F: +44 (0) 20 7989 9999

NO SOMOS UN BANCO. Visite nuestra nueva página web para descubrir quiénes somos: *www.fcexchange.co.uk*

FC Exchange es una marca comercial de Foreign Currency Exchange Limited . Foreign Currency Exchange Limited es una sociedad limitada registrada en Inglaterra y Gales. Domicilio social: 88 Wood Street, 10th Floor, London, EC2V 7RS. Número: 5452483. Foreing Currency Exchange Limited está autorizada por la autoridad de servicios financieros (N° 511266) bajo los servicios de pago regulaciones 2009 para la prestación de servicios de pago. H M Customs & Excise MLR No.12215508. Por favor tenga en cuenta que Foreing Currency Exchange Limited puede monitorear datos de tráfico de correo electrónico y también el contenido del correo electrónico con fines de seguridad y formación del personal.

Este mensaje contiene información confidencial y está destinado sólo para "**Su dirección de correo electrónico**" si usted no es "**Su dirección de correo electrónico**" no debe difundir, distribuir o copiar este correo electrónico. Por favor notifique a *atl@fcexchange.co.uk* inmediatamente por correo electrónico si usted ha recibido este mensaje por error y elimínelo de su sistema. La transmisión de correo electrónico no puede garantizarse que sea segura o libre de errores ya que la información podría ser interceptada, alterada, perdida, destruida, llegar tarde o incompleta, o contener virus. Por lo tanto, Ni

* * *

Una vez que haya recibido esto, entonces puede enviar dinero a su cuenta de FC Exchange. Por favor asegúrese de enviar el dinero en dólares australianos o en la moneda de su país.

Cuando el dinero haya sido recibido por FC Exchange, ellos le enviarán un correo confirmando que lo han recibido.

En este correo electrónico habrán instrucciones de donde quieres que FC Exchange envíe la moneda que ha adquirido; Por ejemplo, he enviado AUD y necesito convertirlos a Euros.

* * *

Querido "su nombre",

Gracias por reservar su transacción con FC Exchange, encontrará su confirmación en el PDF adjunto. Se ha fijado la tasa de cambio de este comercio y la transacción es contractual.

¿Qué hacer a continuación (si Usted no lo ha hecho aún):

1. haga su pago a FC Exchange

La confirmación del PDF adjunta contiene los detalles de la cuenta del cliente de FC Exchange (marcada "instrucciones de liquidación") donde tiene que enviar su dinero. Los fondos liberados deberían llegarnos en la fecha de la confirmación adjunta. Los pagos atrasados pueden conllevar penalizaciones. Todos los pagos efectuados deben enviarse por transferencia electrónica, ya que no aceptamos dinero en efectivo o cheques.

2. Indicar a FC Exchange dónde enviar la divisa adquirida

Por favor, proporcione a FC Exchange con la instrucción del pago iniciando sesión en el sitio FCE Presentación De Pago Seguro(enlace más abajo). Requerida la contraseña es: **Contraseña núm.**(Atención: esta contraseña es sensible a mayúsculas). Sitio de presentación de pago seguro: *www.securefcexchangepayments.com*

Esto nos permite recibir sus instrucciones de forma rápida y segura. El sitio proporciona los instrucciones de ayuda para completarlo, pero si desea recibir el formulario en otro formato o tiene cualquier problema por favor contáctenos en 020 7989   0000.

Por favor, envíe cualquier consulta de pago por email a *Payments@fcexchange.co.uk*

El cliente tiene la garantía que ningún pago será procesado hasta que recibamos un formulario de Instrucción de pago de FC Exchange y el cliente es responsable de cumplimentarlo correctamente, legible y en su totalidad. No asumimos ninguna responsabilidad que derive de clientes que entregan el formulario incorrecto, incompleto o ilegible.

A menos que requiramos sus instrucciones de pago este correo no requiere confirmación o respuesta ya que su propósito es de registro solamente. Si no puede abrir el archivo adjunto, notifíquenoslo inmediatamente y se lo enviaremos en otro formato.

Atentamente
Agente Senior FX

FC Exchange | Salisbury House | Finsbury Circus | Londres |
EC2M 5QQ | REINO UNIDO
T: +44 (0) 20 7989 0000 | F: +44 (0) 20 7989 9999 | W: fcexchange.co.uk

NO SOMOS UN BANCO. Visite nuestra nueva página web para descubrir quiénes somos: *www.fcexchange.co.uk*

FC Exchange es una marca comercial de Foreign Currency Exchange Limited . Foreign Currency Exchange Limited es una sociedad limitada registrada en Inglaterra y Gales. Domicilio social: 88 Wood Street, 10th Floor, London, EC2V 7RS. Número: 5452483. Foreing Currency Exchange Limited está autorizada por la autoridad de servicios financieros (N° 511266) bajo los servicios de pago regulaciones 2009 para la prestación de servicios de pago. H M Customs & Excise MLR No.12215508. Por favor tenga en cuenta que Foreing Currency Exchange Limited puede monitorear datos de tráfico de correo electrónico y también el contenido del correo electrónico con fines de seguridad y formación del personal.

Este mensaje contiene información confidencial y está destinado sólo para "Su dirección de correo electrónico" si usted no es "Su dirección de correo electrónico" no debe difundir, distribuir o copiar este correo electrónico. Por favor notifique a *atl@fcexchange.co.uk* inmediatamente por correo electrónico si usted ha recibido este mensaje por error y elimínelo de su sistema. La transmisión de correo electrónico no puede garantizarse que sea segura o libre de errores ya que la información podría ser interceptada, alterada, perdida, destruida, llegar tarde o incompleta, o contener virus. Por lo tanto, Ni Foreign Currency Exchange Limited ni Amber Lean asumen responsabilidad por errores u omisiones en el contenido de este mensaje, que surgen como resultado de la transmisión de correo electrónico. Si se requiere la verificación, por favor, solicite una versión impresa. Foreign Currency Exchange Limited ni ningún empleado de Foreign Currency Exchange Limited ofrecen asesoramiento financiero, los clientes deberían confiar únicamente en su propio juicio y son totalmente responsables de la decisión para el cambio. Las opiniones o comentarios en este correo electrónico son del remitente y no reflejan necesariamente las opiniones o posición de Foreign Currency Exchange Limited.

* * *

A continuación, haga clic en el www.securepayments.com donde podrá completar las secciones con la información de la persona, los números de cuenta bancaria que desea enviar el dinero, y la divisa.

Cuando haya completado el formulario de pago seguro y lo envíe, entonces debería recibir el siguiente correo electrónico:

* * *

Estimado señor/señora/señorita ___,

Este mensaje es para confirmar que hemos recibido su formulario de instrucciones del pago a través del sitio de presentación de pago seguro de FCE. Su instrucción ahora se entregará al equipo de pagos para ser procesada.*

Atentamente

Tenga en cuenta que nosotros procesamos los pagos en el mismo día en que los fondos se reciben, sujetos a estar con nosotros y totalmente despejados antes 14:30hrs GMT. Si recibimos fondos después de este tiempo, los pagos se procesarán el día hábil siguiente. Procesaremos su pago cuando los fondos que nos envía son completamente despejados. Valores del día siguiente o divisas exóticas pueden requerir un día adicional debido a las diferencias en el valor que se entrega. Si tiene alguna consulta del pago en relación con la liberación, el valor de entrega y fecha límite, contacte directamente con su agente de FC Exchange.

FC Exchange
FC Exchange | Salisbury House | Finsbury Circus | Londres | EC2M 5QQ
T: | F: +44 (0) 20 7989 9999 | W: *fcexchange.co.uk*

Registrase con nosotros: abre una cuenta gratuita para ayudar a un amigo a ahorrar en sus transferencias: referir a un amigo a FC Exchange

FC Exchange es una marca comercial de Foreign Currency Exchange Limited . Foreign Currency Exchange Limited es una sociedad limitada registrada en Inglaterra y Gales. Domicilio social: 88 Wood Street, 10th Floor, London, EC2V 7RS. Número: 5452483. Foreing Currency Exchange Limited está autorizada por la autoridad de servicios financieros (N° 511266) bajo los servicios de pago regulaciones 2009 para la prestación de servicios de pago. H M Customs & Excise MLR No.12215508. Por favor tenga en cuenta que Foreing Currency Exchange Limited puede monitorear datos de tráfico de correo electrónico y también el contenido del correo electrónico con fines de seguridad y formación del personal.

Este mensaje contiene información confidencial y está destinado sólo para "Su dirección de correo electrónico" si usted no es "Su dirección de correo electrónico" no debe difundir, distribuir o copiar este correo electrónico. Por favor notifique a *atl@fcexchange.co.uk* inmediatamente por correo electrónico si usted ha recibido este mensaje por error y elimínelo de su sistema. La transmisión de correo electrónico no puede garantizarse que sea segura o libre de errores ya que la información podría ser interceptada, alterada, perdida, destruida, llegar tarde o incompleta, o contener virus. Por lo tanto, Ni Foreign Currency Exchange Limited ni Amber Lean asumen responsabilidad por errores u omisiones en el contenido de este mensaje, que surgen como resultado de la transmisión de correo electrónico. Si se requiere la verificación, por favor, solicite una versión impresa. Foreign Currency Exchange Limited ni ningún empleado de Foreign Currency Exchange Limited ofrecen asesoramiento financiero, los clientes deberían confiar únicamente en su propio juicio y son totalmente responsables de la decisión para el cambio. Las opiniones o comentarios en este correo electrónico son del remitente y no reflejan necesariamente las opiniones o posición de Foreign Currency Exchange Limited.

* * *

Al día siguiente, usted recibirá una confirmación de correo electrónico de transferencia de la siguiente manera:

* * *

Estimado señorita/Señora/Señor,

Adjunto encontrará el documento de confirmación de la transferencia evidenciando los fondos remitidos en su nombre. Si usted tiene alguna pregunta, por favor contáctenos en 020 7989 0000 y estaremos encantados de ayudarle.

Tenga en cuenta la cantidad indicada en el documento adjunto que es la cantidad FC Exchange ha enviado, cualquier discrepancia entre este y el importe abonado primero debe abordarse con el banco receptor, ya que algunos bancos pueden imponer una carga de enrutamiento o receptor.

Gracias por utilizar FC Exchange.

Atentamente
Coordinador de pagos

FC Exchange | 10 ° piso | 88 Wood Street |
London | EC2V 7RS
T: +44 (0) 20 7989 0000 | F: +44 (0) 20 7989 9999

FC Exchange es una marca comercial de Foreign Currency Exchange Limited . Foreign Currency Exchange Limited es una sociedad limitada registrada en Inglaterra y Gales. Domicilio social: 88 Wood Street, 10th Floor, London, EC2V 7RS. Número: 5452483. Foreing Currency Exchange Limited está autorizada por la autoridad de servicios financieros (N° 511266) bajo los servicios de pago regulaciones 2009 para la prestación de servicios de pago. H M Customs & Excise MLR No.12215508. Por favor tenga en cuenta que Foreing Currency Exchange Limited puede monitorear datos de tráfico de correo electrónico y también el contenido del correo electrónico con fines de seguridad y formación del personal.

Este mensaje contiene información confidencial y está destinado sólo para "Su dirección de correo electrónico" si usted no es "Su dirección de correo electrónico" no debe difundir, distribuir o copiar este correo electrónico. Por favor notifique a *atl@fcexchange.co.uk* inmediatamente por correo electrónico si usted ha recibido este mensaje por error y elimínelo de su sistema. La transmisión de correo electrónico no puede garantizarse que sea segura o libre de errores ya que la información podría ser interceptada, alterada, perdida, destruida, llegar tarde o incompleta, o contener virus. Por lo tanto, Ni Foreign Currency Exchange Limited ni Amber Lean asumen responsabilidad por errores u omisiones en el contenido de este mensaje, que surgen como resultado de la transmisión de correo electrónico. Si se requiere la verificación, por favor, solicite una versión impresa. Foreign Currency Exchange Limited ni ningún empleado de Foreign Currency Exchange Limited ofrecen asesoramiento financiero, los clientes deberían confiar únicamente en su propio juicio y son totalmente responsables de la decisión para el cambio. Las opiniones o comentarios en este correo electrónico son del remitente y no reflejan necesariamente las opiniones o posición de Foreign Currency Exchange Limited.

* * *

Adjunto a este correo electrónico está el recibo, listando toda la información que envió a través del formulario de pagos seguros, indicando la fecha y hora que el dinero fue recibido en la cuenta que indicó.

Por favor, tenga en cuenta que cuanto más dinero envía directamente a través de FC Exchange para convertir, conseguirá una mejor tasa de cambio.

Además, para su información, si alguien le refiere al FC Exchange, el tendrá derecho a un pago de bono de £50 por cliente – ver abajo:

Información de referencia: oferta de referencia de clientes de FC Exchange - si sabe de alguien, un amigo, miembro de la familia, alguien que tiene o tendrá un requisito de moneda extranjera, puede enviarlos FC Exchange y como agradecimiento le premiaremos con £50,00.

No sólo será recompensado, sino también lo hará la persona referida a FC Exchange. Obviamente se beneficiarán de nuestras excelentes tarifas y servicio, pero también les daremos algo para darles la bienvenida a bordo también.

Entonces, ¿cómo funciona? Muy sencillo, pídale a la persona que refiere que nos contacte y **cite la referencia CR814.**

Una vez han registrados y comercializados * con nosotros, le abonaremos £50,00 en su cuenta aquí. Es tan simple como eso.

La letra pequeña y los detalles

Necesita el cliente referido al comercio un * mínimo de £1.000,00 o FX equivalente en una sola transacción. No necesita ser un cliente para referirse a alguien a FC Exchange, pero tendrá que serlo para recibir las 50,00 £.

La cuenta de cambio de los referenciados será acreditada con £10,00 al finalizar su primer cambio con FC Exchange.

 FC Exchange necesitará conocer los detalles de la parte referente para que las partes se beneficien del régimen; la responsabilidad recae en el referente o las referidas a la fuente de esta información.

FC Exchange reserva el derecho de cambiar los términos de esta oferta o a retirarlo en cualquier momento sin previo aviso ni responsabilidad.

Se acreditará un máximo de £60,00 por nueva persona o entidad introducida. Cualquier cliente ya en contacto con FC Exchange no se clasifica como una referencia válida.

PASO 13

LISTA DE TODOS LOS CARGOS Y CARGOS QUE DEBEN SER PAGADOS POR EL COMPRADOR

Hay una serie de costos involucrados en la compra de una propiedad en Portugal, comenzando por los siguientes, pero no en el orden exacto:

1. **representación fiscal:** en la obtención de un Número Fiscal, yo fui con mi abogado. Puedes ir con tu abogado o alguien que sepa portugués.

2. **honorarios del abogado:** las tasas básicas de un abogado por intervenir como su representante legal son alrededor de € 250,00.

   Todas las firmas legales tienen una lista de honorarios y algunos abogados cobran mucho más.

   En mi caso pagué 1.200,00 €, y más tarde descubrí que era demasiado caro.

   Puede ir online o en persona a la sociedad de derechos de los abogados portugueses y solicitar una lista de precios mínimos establecidos que puede cobrar un abogado.

   Direcciones web y directorio para todos Abogados en Portugal;

   https://www.oa.pt/CD/servicos/PesqAdvogados/pesquis a_adv. aspx? sidc = 31634 & idc = 5 & idsc = 31897

   Tenga en cuenta, algunos abogados no son tan honorables como otros y si eres un extranjero, pueden cobrarle una cantidad exorbitante de dinero en algunos casos.

   El primer abogado que contacté quería cobrarme 100 € por hora. Rápidamente me fui y le dije muchas gracias, pero no, gracias. Ni siquiera en Australia cobran eso, donde cuesta entre $600 AUD y AUD $850 para comprar una propiedad.

Cuando me cobraron 1.200 €, cuestioné mi abogado en ese momento, pero me dijeron que es el precio normal y que mi contrato era muy complicado debido al gravamen, dos (2) hipotecas sobre la propiedad y la forma en que quería estructurar los tres pagos por la compra de la propiedad.

Lo tomé en la buena fe que el abogado estaba haciendo lo correcto y no me estafaría.

También pregunté a otros propietarios, tanto portugueses, como extranjeros en Portugal; la mayoría me dijeron que no podían recordar lo que habían pagado y algunos habían heredado sus bienes a través de su familia.

Cuando me enteré por mi abogado actual que los honorarios deberían haber sido sólo 250 €, no estaba muy contenta. Estaba tan decepcionada de que me hubiesen mentido y que era un fácil objetivo porque era una extranjera.

Fue una lección que nunca olvidaré, ya que en ese momento esto era una carga/gasto extra en mis finanzas. Creo que es por la creencia general de que, como extranjeros, podemos permitirnos pagar más.

Algunos le aconsejarán que el costo de honorarios legales se estima aproximadamente en 1-2% del precio de compra de la propiedad, más IVA (en Australia lo llamamos GST, que es un impuesto de gobierno).

3. **impuesto de compra:** esto se denomina IMT y es conocido como Imposto Municipal Sobre Transmissones Onerosas de Imoveis; esto es el impuesto de compra que usted paga cuando compra una propiedad. Está pagado por el comprador cuando una propiedad es escriturada/transferida a su nombre. El porcentaje del pagado depende del uso registrado de la propiedad que Usted haya comprado.

Creo que el abogado anterior no tuvo en cuenta mis intereses con respecto a este asunto.

Después de comprar la propiedad, fui informada por mi abogado que podría traer la propiedad en un número de ingresos, que tenía múltiples usos, así que tenía que pagar más de 5.000 € en concepto de honorarios IMT.

Yo ya había pagado 65.000 €. Fui informada por mi abogado y el agente inmobiliario que sería alrededor del 0,2% del precio de la compra.

Realmente no fui muy feliz con otro cargo que era un gasto enorme, especialmente ya que el dólar australiano no estaba haciendo demasiado bien frente al Euro en ese momento.

4. **Tasas de registro de tierra:** estas cuotas son 0,5% del precio de compra.

5. **Tasa registro de propiedad:** tu abogado registrará la compra de la propiedad con la oficina de registro de propiedad (Consevatoria do Registo Predial) en el área donde se encuentra su propiedad y en la oficina de impuestos (Reparticao de Financas).

6. **registro de compra** se ha fijado en 250 €

7. **registro de hipoteca** se ha fijado en 250 € si usted está tomando una hipoteca a través de un banco para comprar la propiedad.

8. **impuesto de transmisión de inmuebles** (Imposto de Selo) es del 0,8% del precio de la compra de la propiedad.

9. **Tasas de notaría:** Cuando se privatizó la profesión notarial, los gastos de notaría cambiaron significativamente y ahora dependen de la oficina donde se firma la Escritura.

   La Escritura Pública de Compra y Venda (para darle el nombre completo) tiene que ser elaborada, firmada por ambas partes ante un notario público y alojarse en el catastro local (Conservatoria do Registo Predial), con copias expedidas a las partes involucradas.

10. **IVA:** es 23% en todas las nuevas propiedades.

11. **honorarios del agente inmobiliario:** estos son pagados por el vendedor.

12. **tasas:** pagados trimestralmente o en un solo pago anual. Puede ser configurado como un débito directo automático desde su banco.

13. **seguros de la propiedad:** tiene que pagar un gasto anual, especialmente si usted tiene una hipoteca, en caso de incendio, robo o daños. Necesitará encontrar una compañía de seguros en Portugal para su póliza.

   El tipo de seguro que necesita dependerá de cómo piensa utilizar su propiedad.

Creo que es mejor darse una vuelta para encontrar el agente de seguros que atenderá sus necesidades exactas. Esto se puede hacer fácilmente online, a través de cualquier buscador de internet.

LISTA DE TARIFAS QUE PUEDEN CARGARSE DURANTE LA COMPRA DE UNA PROPIEDAD EN PORTUGAL

LISTA	HONORARIOS	PAGADO
Número Fiscal	€	
REPRESENTACION fiscal	€	
Abogado/Abogada	€	
IMT – impuesto de compra	€	
Honorarios de registro de tierra	€	
Tasas de registro de la propiedad	€	
Registro de compra	€	
Registro de hipoteca	€	
Impuesto de trasmisión de inmuebles. Imposto de Selo	€	
Tasas de Notaría	€	
IVA	€	
IVA	€	
Tasas	€	
Seguros Patrimoniales	€	

LISTAS DE COMPROBACIÓN
PASO 1-PASO 13

PASO 1 - ORGANIZAR FINANZAS

FINANZAS	DETALLES	COMPLETADO
Personal:		
Hipoteca: Contrato:		
Permuta: Contrato:		
Alquiler/compra: Contrato:		
Finanzas de titular: Contrato:		

PASO 2 – UBICACIÓN DE LA PROPIEDAD

PROPIEDAD	DETALLES	COMPLETADO
Distrito:		
Municipio:		
Parroquia:		
Provincia:		
Región:		

PASO 3 – AGENTE INMOBILIARIO

AGENCIA	DETALLES	COMPLETADO
Compañía:		
Contacto:		
Móvil:		
Dirección:		
Dirección de Internet:		

PASO 4 –SUBASTAS DEL GOBIERNO

SUBASTA	DETALLES	COMPLETADO
Subasta del gobierno Número de referencia:		
Carta cerrada:		
Online:		
Contrato presentado:		
Negociación privada:		
Fechas de subasta:		
15 días:		
20 días:		
1/3 depósito:	€	
2/3 depósito:	€	
Depósito remanente 8 meses:	€	
Imposto de trasmisión de inmuebles Número de recibo:		
Auto de Adjudicacao – factura de venta número:		

PASO 5 –PROPIEDADES DE BANCOS

BANCO	DETALLES	COMPLETADO
Banco:		
Subastadores:		
Dirección:		
Dirección de Internet:		
Referencia número:		
Depósito pagado:	€	
Número de recibo:		

PASO 6 – CONTRATO DE COMPRAVENTA/CONTRATO DE VENTA

Contrato de compraventa – contrato de venta	DETALLES	COMPLETADO
Oficina de Casa Pronta: Persona de contacto:		
Abogado/Abogada Detalles:		
Empresa constructora:		
Agente inmobiliario:		
Detalles de la venta privada:		
Documentos traducidos:		

PASO 7 – REPRESENTACIÓN LEGAL

REPRESENTACIÓN LEGAL	DETALLES	COMPLETADO
Compañía: Dirección del sitio web:		
Abogado/Abogada Detalles:		
Teléfono fijo: Móvil:		
Dirección:		

PASO 8 – NÚMERO FISCAL

NÚMERO FISCAL	DETALLES	COMPLETADO
Localizar la oficina más cercana:		
Dirección:		
Formulario completado		
Documentación de número fiscal del país de origen		
Persona 1 Nombre: Dirección: Fecha de nacimiento: Número fiscal: País impuesto archivo Número: Dirección de correo electrónico:		
Persona 2 Nombre: Dirección: Fecha de nacimiento: Número fiscal: País impuesto archivo Número: Dirección de correo electrónico:		

PASO 9 – PODER DE REPRESENTANTE LEGAL

PODER DE REPRESENTANTE LEGAL	DETALLES	COMPLETADO
Nombre de la persona que tiene poder de representación legal:		
Dirección:		
Dirección de correo electrónico:		
Teléfonos de contacto:		
Poderes:		
Electricidad:		
Gas:		
Agua:		
Seguros patrimoniales:		
Tasas:	€	
Otros:		

PASO 10 – NOTARIO

NOTARIO	DETALLES	COMPLETADO
Nombre del notario:		
Dirección:		
Dirección de correo electrónico:		
Teléfonos de contacto:		
Testigo 1: Nombre: Dirección: Teléfonos de contacto: Dirección de correo electrónico:		
Testigo 2: Nombre: Dirección: Teléfonos de contacto: Dirección de correo electrónico:		
Cargos/tasas notariales:	€	
Número de recibo del notario:		

Paso 11 – gravámenes e hipotecas sobre la propiedad

GRAVÁMENES e hipotecas	DETALLES	COMPLETADO
GRAVÁMENES	€	
HIPOTECA	€	
SEGUNDA HIPOTECA	€	
PROPIETARIOS		
ACCIONES LEGALES CONTRA LA PROPIEDAD		

LISTA DE DOCUMENTOS NECESARIOS PARA COMPRAR Y VENDER UNA PROPIEDAD EN PORTUGAL

DOCUMENTOS	DETALLES	COMPLETADO
Documentos de identificación del vendedor y del comprador / pasaportes (originales)		
Certificado comercial, representante ID, pacto de la sociedad (empresas)		
Número fiscal (número fiscal, consulte la página 113)		
Poder de representación legal e identificación del Procurador en caso de utilización de un procurador		
Carnet Tierra Real o certificado del contenido del artículo		
Certificado de descripciones de contenido y registros en efecto (o código de acceso)		
Licencia de uso en caso de inmuebles urbanos, o certificado demostrando que su presentación se dispensa porque fue construido antes de 07 de agosto de 1951		
Muestra de pago de impuesto de transmisiones de inmuebles y de impuestos municipales (IMT)		

Descripción técnica de la propiedad (edificios después de 2004)		
Certificado energético (esto le será proporcionado por el agente inmobiliario o vendedor de la propiedad)		

Foto Antes: *Pagué 65.000,00 € por esta propiedad;*
dispone de 2 x 2 dormitorios,
1 x 3 dormitorios y 1 x 5 dormitorios.

Foto Después: _Las renovaciones están todavía en curso._

INFORMACIÓN DIVERSA

Para su información, si usted es extranjero en Portugal y está pensando en instalarse en Portugal, listado a continuación están:

PRINCIPALES NACIONALIDADES EN PORTUGAL

1. Americanos en Portugal
2. Argentinos en Portugal
3. Australianos en Portugal
4. Belgas en Portugal
5. Brasileños en Portugal
6. Británicos en Portugal
7. Búlgaros en Portugal
8. Canadienses en Portugal
9. Chinos en Portugal
10. Daneses en Portugal
11. Holandeses en Portugal
12. Finlandeses en Portugal
13. Franceses en Portugal
14. Alemanes en Portugal
15. Griegos en Portugal

16. Indios en Portugal

17. Irlandeses en Portugal

18. Italianos en Portugal

19. Japoneses en Portugal

20. Libaneses en Portugal

21. Mejicanos en Portugal

22. Noruegos en Portugal

23. Polacos en Portugal

24. Rumanos en Portugal

25. Rusos en Portugal

26. Sudafricanos en Portugal

27. Españoles en Portugal

28. Suecos en Portugal

29. Suizos en Portugal

30. Turcos en Portugal

31. Ucranianos en Portugal

Si vas a *www.expat.com,* puede acceder arriba a la comunidad de expatriados en Portugal, donde será capaz de contactar con otros extranjeros y tal vez compatriotas, que también viven en Portugal.

La comunidad de expatriados es una riqueza de información que le puede ayudar en muchos ámbitos. Usted puede pedir consejo, unirse a grupos comunitarios y socializar.

CONCLUSIÓN

No necesitas usar los servicios jurídicos de un abogado mientras no estés inmerso en los procesos que he enumerado, no deberías tener problemas en la compra de una propiedad en Portugal.

Es su opción si desea utilizar un abogado, utilizar los servicios de un agente inmobiliario o hacerlo a través de la oficina de Casa Pronta, entre sólo el vendedor y usted.

Los agentes inmobiliarios pueden hacer casi todo el trabajo por usted, sobre todo, desde el Número Fiscal y el notario para conectar la electricidad, gas y agua. Pueden solicitar una cita para ir a la oficina de Casa Pronta o al notario.

Hay muchas maneras sencillas para comprar una propiedad en Portugal; Tienes que decidir que camino quieres seguir. Como extranjero, se aprovecharon y me cobraron de más en el proceso. No deseo que esto le suceda a nadie que quiere comprar una propiedad en Portugal.

Aparte de eso, todavía creo que Portugal es un mercado inexplorado y tiene un gran potencial, especialmente para los extranjeros.

En Australia, las propiedades son muy caras y es muy difícil encontrar una propiedad por debajo de AUD $100.000. Si usted está buscando un mínimo de AUD $300.000 por una simple casa de 3 dormitorios, aun así es muy difícil encontrar una por ese precio.

El hecho es que usted puede comprar bienes a precios asequibles en Portugal; incluso si tiene que renovar la propiedad es mucho más barato comprar en Portugal que en la mayoría de países.

La sensación que se tiene, cuando puedes pagar sólo en efectivo una propiedad y no tienes que pedir una hipoteca, es indescriptible.

La alegría y la paz interior que siente cuando tienes un hogar y la ventaja de no tener que pagar miles de dólares por año en alquiler o hipoteca, no tiene precio.

Usted tiene que determinar lo que quiere en la vida, qué le hace feliz y cómo y dónde desea vivir su vida.

Si usted elige comprar una propiedad en Portugal para la jubilación, como inversión o para cambiar su vida completamente, es su decisión. Para mí, ha sido la mejor decisión de mi vida y no puedo esperar a vivir ahí a tiempo completo.

El objetivo principal de este libro es exponer lo más básico en la compra de una propiedad en Portugal; el libro puede ser usado como una guía para cualquier persona que desea comprar una propiedad.

Toda la información que he proporcionado y que he utilizado en la compra de mi propiedad, fue encontrada online, investigada y es verdadera y correcta a fecha de 2015.

Muchas gracias y espero que este libro ayude a todos aquellos que buscan comprar una propiedad en Portugal.

www.ingramcontent.com/pod-product-compliance
Lightning Source LLC
Chambersburg PA
CBHW061044110426
42740CB00049B/2058